バーナード・ウィリアムズの哲学

反道徳の倫理学

渡辺一樹

WATANABE KAZUKI

BERNARD WILLIAMS:
ETHICS AGAINST MORALITY

青土社

目次

バーナード・ウィリアムズの哲学　反道徳の倫理学

凡例

ウィリアムズの主要なテクストからの引用については、以下の略記号を用いて指示し、その頁数を付す。[例 ELP 24]。

引用文の翻訳は、既訳がある場合はそれを参考にしたが、拙訳によっている。

M　Williams, B. (1972). *Morality: An Introduction to Ethics*, Cambridge U. P.

UFA　Williams, B. (1973a). "A Critique of Utilitarianism." In Smart, J. J. C. & Williams, B. *Utilitarianism: For and Against*. Cambridge U. P. 75-150.

PS　Williams, B. (1973b). *Problems of the Self: Philosophical Papers 1956-1972*, Cambridge U. P.

ML　Williams, B. (1982). *Moral Luck: Philosophical Papers 1973-1980*, Cambridge U. P.

ELP　Williams, B. (1985/2011). *Ethics and the Limits of Philosophy*, Routledge Classics, Routledge.

SN　Williams, B. (1993). *Shame and Necessity*, University of California Press.

MSH　Williams, B. (1995a). *Making Sense of Humanity: And Other Philosophical Papers 1982-1993*, Cambridge U. P.

WME　Williams, B. (1995b). "Replies." In Altham, J. E. J. & Harrison, R. (Eds.), *World, Mind, and Ethics: Essays on the ethical philosophy of Bernard Williams*, Cambridge U. P., 185-224.

TT　Williams, B. (2002). *Truth and Truthfulness: An Essay in Genealogy*, Princeton U. P.

PHD　Williams, B. (2006). *Philosophy as a Humanistic Discipline*, Princeton U. P.

ER　Williams, B. (2014). *Essays and Reviews: 1959-2002*, Princeton U. P.

SP　Williams, B. (2006). *The Sense of the Past: Essays in the History of Philosophy*, Burnyeat, M. (Ed.), Princeton U. P.

IBWD　Williams, B. (2005). *In the Beginning Was the Deed: Realism and Moralism in Political Argument*, Hawthorn, G. (Ed.), Princeton U. P.

はじめに　強さのペシミズム

本書は20世紀イギリスの哲学者であるバーナード・ウィリアムズの思考を解説するものである。ウィリアムズそのひとを題材にした解説書であるいじょう、「ウィリアムズとはいかなる哲学者か」という問いに、本書はかかわらざるをえない。本書が提示するのは、反道徳の倫理学を目指した哲学者としてのウィリアムズ像である。すなわち、ウィリアムズとは、道徳ではないしかたで人びとの生とそのスタイルを思考しようとした哲学者である。ここで道徳（モラル）とは、外側から私たちの生に関わるような規範のことである。道徳は、姿を変えつつ、さまざまな問題系において現れるものであり、それを単純なものとして語るのは困難である。詳しくは本書全体で明らかにしていくことだが、ひとまず道徳は、誰もがひとしく同じであるという不偏性（非個人性）、リスクや変化を免れるという安全性、そして、偶然性を否定する超歴史性と関わっている。それに従っていればひとしく安全に生きていられるような、あらゆる生の規範——このようなものとして道徳は現れる。かかる道徳に対して、ウィリアムズは、人びとを内側から駆動している力としての倫理（エチカ）

の次元を考えなおそうとした[1]。倫理は、互いに異なる動機、ひとの別個性、その場のすり合わせや共存の努力、そして、歴史的な偶然性と関わっている。倫理の次元から人びとの生のリアリティをたどりなおすとき、道徳はすでに乗り越えられているし、われわれはそこではじめて、人びとが共存して生きていくための倫理学、そして人びとがみずからの生活・スタイルを実験するための倫理学を考えることができるのである。このように、ウィリアムズの哲学は、道徳批判と倫理学の創造というふたつの位相からなる、反道徳の倫理学なのである。

　詳しくは本書全体で示すこととはいえ、ここでいくつかウィリアムズの思考の特徴を示しておこう。体系的理論を批判すれども決して構築しなかったウィリアムズだが、その思考において繰り返される動機といったものがいくつかある。ここでそれを確認することは、いかなる構えにおいて反道徳の倫理学が創造されるのかを明らかにするだろう。

　第一に、理論と実践の分離に対する鋭い感受性である。端的にいえば、言っていることとやっていることが違うこと——そのような不誠実さに対する警戒心のようなものがウィリアムズの思考をつらぬいている。哲学者たちは、しばしばこのような理論と実践の分離を許容するような倫理学を立ててきた。その典型として、カントの倫理学は、「あなたの意志の格率が普遍的な法則となるように」（ありていに言えば、「誰もがやっていい行為のみをせよ」）という厳格な理論のかたちで「道徳的に行うべきこと」を指示する。例えば、みんなが嘘をつくとコミュニケーションが成立しなくなるのだから、嘘をついてはいけない。この原則は道徳的な事柄がなんであるか理論的に教えてはいるが、そのような原則がじぶんの確信と反しうることに対しては沈黙する。「嘘をついてはいけない」――しかし、友を警察から守るためには居場所を知らないと言わねばならない。「他人の願いを無視してはいけない」――しかし、家族を置いて蜂起に参加すれば家族の願いを、蜂起に参加しなければ友の願いを無視してしまう。このように、「じぶんがすること」と「道徳的に行うべきこと」の次元は重要なしかたで分裂しうるのにもかかわらず、倫理学はしばしば、いっぽうで「道徳的に行うべきこと」を外側から指示しながら、たほうで「じぶんがすること」という内側の次元に対して口ごもってきた。ふたつの分裂が存在するいじょう、道徳の解を外側から提示するだけの態度は、不誠実であるように思われる。それればかりか、そのような分裂を放置することは、ひじょうに危険なことでもありうる――ナチスの官僚として虐殺に加担し、戦後エルサレムで裁判を受けたアイヒマンは語っていたのだった、自分は「カントによる義務の定義にのっとって生きてきた」と（ハンナ・アーレント『エルサレムのアイヒマン』邦訳 190）。われわれは、「じぶんがすること」と「道徳的に行うべきこと」の分裂をただしく見つめ、そこから目をそらすことによってもたらされるような、

（1）現代哲学の用語を用いれば、これは、内在の倫理学である。ここにあるのは、「ルールVS欲望」といった単純な対立ではなく、むしろ、ひとの生を思考するさいのふたつのモードの対立である。ウィリアムズが道徳と倫理を区別したのとほぼ同じこころに、ドゥルーズが「モラルとエチカの違い」について論じていたことも、関連して指摘しておく（ドゥルーズ『スピノザ――実践の哲学』第二章）。ドゥルーズの議論に依拠しつつ、スピノザやニーチェから反道徳の倫理学を取り出すものとして、江川 2013 がある。

理論と実践の分離に対して警戒しなければならない[2]。

これに対してウィリアムズが目指したのは、誠実さをもってふたつを一致させること——つまり徹底的に実践のレベルから理論を捉えなおすことであった。ウィリアムズの倫理学は、その試みである。これは、すぐれて実践優位の倫理学である。とはいえ、それは、たんにその都度の偶然的な生を正当化する理論ではない。ひとの生や実践を、その内容にかかわらずそのまま肯定する思想は、「自己啓発」や鎮痛剤ではありえても——セラピーやアヘンではありえても——、決して実質的な倫理学とはならない。例えばそのような鎮痛剤的思想は、生や実践のスタイルの問題に関して全く無頓着であり、せいぜい相対主義的な主張をするにとどまる。ウィリアムズの倫理学は、そのような保守的な相対主義とは異なる。それは、実践を分離してしまうような理論でもなく、そして、あらゆる実践をそのまま受容するような相対主義でもなく、むしろそのような二者択一を徹底的に否定しながら、そのはざまにあろうとする。

このような構えにおいて、ウィリアムズの思考の第二の動機が現れる。それはすなわち、理論のオプティミズムとも相対主義的なニヒリズムとも異なる、ペシミズムである。これは、実践を離れた理論が可能であるというオプティミズム（楽観主義）も、そして、実践のスタイルを問うという試みそのものを放棄して今ここにある生をただ受容することを説く（ニーチェが「徳の説教者」と呼ぶような）ニヒリズムも、拒否する。なにも置くべきでないところに理論を立てようとする独断主義の誘惑も、みずからの弱さを無差別に正当化する自己欺瞞の誘惑も、どちらも拒否するこの態度は、ニーチェに倣って、「強さのペシミズム（pessimism of strength）」と呼ばれる（ELP 190）。このような闘争的な悲観主義の構えは、反道徳の倫理学という主題に照らして語りなおせば、道徳とは異なるしかたで倫理とスタイルを創造することでもある。道徳とそのオプティミズムを否定しつつ、ニヒリズムに陥ることなく倫理学をはじめるということ――ここで賭け金となるのは、反道徳の倫理学のリアリティであろう。

理論と実践の分離、オプティミズムとニヒリズム――これらへの鋭い警戒のなかで、ウィリアムズは反道徳の倫理学を紡いでいった。かくして、本書でわれわれがみていくのは、闘争的なペシミズムの構えにもとづく、実践優位の倫理学の試みである。この倫理学は、反道徳的であることによって、反時代的でもあるだろう。いまや闘争的であることは、道徳的であることに転化している。道徳の文法が政治を息苦しく覆うなかにあって、それに対するオルタナティヴは、悪趣味な対抗道徳への郷愁か、せいぜい冷笑的なニヒリズムのみであるかのように思われている。とはいえ、対抗道徳もニヒリズムも、所詮は道徳の闘争空間の内部での出来事に過ぎない。情況はますますマルクスの予言どおりに推移しており、このような道徳的闘争は表面的な上部構造での出来事に過ぎない

（2）近代の日本において、理論と実践の分離に対する警戒を説き続けていたのが、吉本隆明である。前衛的な政治意識と生活意識の緊張の問題を論じた「転向論」の分析（吉本 1990）は、現状の日本の政治言説についても依然として妥当するように思われる。

ことが明らかになってきている。というのも、道徳的闘争が本当の闘争であるかのように誤認させるところにこそ、権力――われわれが真に闘うべきところの力――がはたらいているからである。じっさい、この時代の道徳が、われわれをますます弱者へと仕立て上げていることは、ほとんど明らかなことのように思われる。かくして、いまや、道徳とは異なる闘争の空間が求められているのであって、そのためにはまず、道徳そのものを問題にする空間を創造することが必要なはずである[3]。そのあとでこそ、ほんとうの闘争がはじまる。そのひとつは、ニーチェがそう語っていたように、生のスタイルをつくることだろう（ニーチェ『愉しい学問』290：邦訳290）。このようにして反道徳の倫理学は、道徳的闘争とは異なる闘争の空間をひらくことができるという点で、反時代的な意義を持つ。

*

多くの読者はウィリアムズの名に馴染みがないと思われるため、ウィリアムズが哲学者としていかなるキャリアを歩んできたのか、いずれ詳しくみるとはいえ、ここで簡単に触れておこう。日本での知名度の低さ[4]に反して、20世紀哲学において、ウィリアムズがひじょうに重要な人物であることは間違いない。キャリア初期から、「人格の同一性（personal identity）」の議論を現代哲学において復権させるのみならず、その哲学史研究でも知られ、ニーチェの『愉しい学問（*Die fröhliche Wissenschaft*）』の英訳を編纂し、プラトンとデカルトについての古典的な研究業績を残した[5]。政治哲学においても、「政治的リアリズム」の立場の源流の一人として重要な地位を占める[6]。また、晩年にニーチェいらいの「系譜学（genealogy）」という哲学の方法に光を当てたことでもよく知られている。[7]人格論、認識論、哲学史、政治哲学、哲学方法論——ひじょうに多様な分野において、ウィリアムズは先駆的な業績を残している。とはいえ、やはり彼が最も著名なのは、倫理学の分野である。本書全体で示すように、ウィリアムズは、現代倫理学の枠組みそのものを変えてしまった感がある。[8]20世紀以降の倫理学は、少なくない部分において、ウィリアムズとの対決の歴史であったと言える。[9]

（3）ニーチェはこれを「新しい要求（neue Forderung）」と呼んでいる（ニーチェ『道徳の系譜』序言六：邦訳367）。
（4）英米圏での知名度と比べると、日本では、ウィリアムズについての論文・解説は少なく、その多くが概説的なものにとどまっている（重要な例外として、古田2013、古田2019、佐藤2021などがある）。ウィリアムズは、概説においてはしばしば、「徳倫理学の先駆者の一人」のように説明される。本書全体でみるように、ウィリアムズがこの立場の成立に影響を与えたのは間違いないとはいえ、そのようなまとめ方ではウィリアムズの与えた衝撃は捉えきれないし、そもそもウィリアムズを徳倫理学に単純に分類できるかは大いに疑わしい。
（5）ウィリアムズは、英米圏におけるニーチェ研究の復権においてきわめて重要な役割を果たしている（Robertson & Owen 2013）。また、プラトンの魂と国家の類比について（SP 108-117）、デカルトのコギト論について（Doney 1967: 88-107）、それぞれ古典的な研究論文を書いている。なお、後者には邦訳もある（デカルト研究会1996）。デカルト論については笹谷賢人さんにご教示いただいた。
（6）政治哲学の方法論において、道徳的な観点からあるべき政治を考える「モラリズム」に陥るのではなく、むしろ政治の領域に特有の課題（正統な秩序の確保）を検討すべきだという立場のこと（乙部2017）。本書第四章で詳しく扱う。
（7）没後20年経って、英米圏ではにわかにウィリアムズの系譜学論が再注目されている（Queloz 2021; 渡辺 forthcoming b）。本書第四章で詳しく扱う。

その意味で、ウィリアムズ哲学へと入門することは、現代倫理学へのひとつの入門にもなるだろう。

さて本書では、かかるウィリアムズの哲学を解説していく。そのさい、いくつかのことに留意した。第一に、ウィリアムズの結論めいたものを提示するというよりも、その議論の動機のようなものを特定することを試みた。ウィリアムズにとって何が、いかにして、問題となり、それがどのように解決されるべきだと考えられたのか、その思考の筋道を丹念にたどろうと思った。結果として本書の叙述は、彼の議論のディティールに拘るものにはなったにせよ、それと他の哲学説との相違とか、あるいは、彼の哲学全体の体系的連関といったことにあまり注意を払わなかった。そのうえで、しばしば簡潔が行き過ぎているウィリアムズの文章[10]について、その行間をおぎなうことに専心した。ときに冗長に思われるかもしれないにせよ、ウィリアムズについてウィリアムズ風に書くということは、はなから著者の力量の範囲外にある。第二に、本書は、ウィリアムズの積極性を示すようにつとめた。その反道徳性ゆえに、「ウィリアムズは主流の倫理学を批判しただけで、何か積極的なことを言ったわけではない」という見解が広くある。このような見解に応答することは、ウィリアムズ研究のひとつ大きな課題ともされている。しかし、すでに述べたように、ウィリアムズの思考は、道徳批判とどうじに倫理学の創造も含んでいる。むしろ、倫理学をやりなおすことによってはじめて、道徳は乗りこえられる[11]。だとすれば、本書にとって必要になるのは、ウィリアムズ倫理学の眼目とその具体的なありようを、ひたすら明確化することである。

本書は以下のような構成になっている。第一章では、（その生涯をみじかく確認したあとで）ウィリアムズの倫理学の方法論を確認する。具体的には、初期の人格論と倫理学に即して、行為者の一人称的視点に立って倫理学の問題を捉えなおす、道徳心理学の方法が用いられることを確認する。言語分析、あるいは正しい行為を導出する倫理学理論といった既存の方法に対抗して、ウィリアムズは、まず、ひとがどのように感じるのかという視点から倫理学を再開しなければならないと考えたのである。

第二章では、既存の倫理学理論に対するウィリアムズの批判を取り上げる。功利主義や義務論など、正しい行為を一般的な視点から導こうとする倫理学理論は、行為者の視点を適切に検討していない。むしろ、倫理の問題をリアルに考えようとするならば、その行為者の生を駆動する力（その

（8）例えば、ウィリアムズの「運」と「理由」をめぐる論文は「それぞれ倫理学の中にひとつの研究分野を開くレベルでのインパクトを与えた」とまで指摘されている（伊勢田 2019: 323）。これらは、本書第三章で詳しく扱う。また、第二章で詳しく扱うように、ウィリアムズの倫理学理論への批判は、しばしば現代倫理学における最大の挑戦であるとされている。

（9）ブライアン・ライターが２０１０年に実施したアンケートで、ウィリアムズは「最も重要な20世紀の道徳哲学者」に選ばれている（Leiter 2010）。その結果よりも、コメント欄において交わされた、ウィリアムズ評価をめぐる戸惑いや激しい誹りが、逆説的に彼の重要性を示しているように思われる。

（10）ウィリアムズの著述に対しては「捉えどころのない（elusive）」という形容詞がよく使われる（e.g. Nussbaum 2003）。

（11）「当初の仮象は、最後には、ほとんどつねに本質と化し、本質として作用するのだ。本質をおびていると通用している世界、いわゆる「現実」を抹殺するためには、こうした起源と、迷妄のこうした霧の覆いを指摘するだけで十分だ、とここで考える者がいるとすれば、何という阿呆であろうか。われわれが抹殺できるのは、創造者だからこそだ」（ニーチェ『愉しい学問』58：邦訳 126-7; 強調原文）。

ひとの確信、スタイル、ひととなりといった力）をただしくみさだめる必要がある。ここでは、第一章の道徳心理学の方法を武器にしつつ、実践のレベル――ひとがじっさいに生や行為へと駆り立てられるありよう――を置き去りにする倫理学理論の問題（理論と実践の分離の問題）が明確化される。

第三章では、より広く道徳に対するウィリアムズの批判を取り上げる。われわれの思考に深く棲みついた道徳は、ウィリアムズの分析するところ、運の否定と関わっている。そのような運の否定にもとづく道徳は、例えば、ひとの生を超時間的な尺度によって評価する視点や自由意志にもとづく責任の理解にあらわれる。これらの道徳の典型的思考を脱け出すために、ウィリアムズは、より基礎的な倫理へと沈潜していく。生の評価や責任を深いところで駆動している、よりリアルな倫理を示してしまうことで、ウィリアムズ倫理学は、道徳による生の規定を乗りこえるのである。

第四章では、政治哲学の領域へと踏み入る。晩年のウィリアムズは、ある概念や理解が歴史的に偶然なものであるという事実を重く受け止めるとともに、歴史的に偶然な事象としての政治の理論を考えなおそうとしていた。ジョン・ロールズをはじめとする哲学者たちが道徳的原理から出発して政治の理論を思考していたことに対抗して、ウィリアムズは、道徳を基礎としない政治そのものの倫理――それはまた近代の歴史的な偶然性を踏まえたものでもある――を思考しようとする。政治そのものの倫理を思考することをつうじて、ウィリアムズ倫理学は、生活を批判の現場とするような政治の構え（ウィトゲンシュタイン左派の構え）へと向かうのである。

第一章

哲学はいかに倫理を語るのか

ウィリアムズ倫理学の方法論

序論　必然性と出来事

やるしかない。われわれはときに、このような確信をもって行為する。その確信は、利害の計算や道徳的な原則では制御できないものだろう。つまり、「君のためにならないよ」とか「他の人ならしないよ」といった、外からの助言を超えている。メリットも、道徳も、他の人がどうするかも、全部関係ない。そうやって、何かをしでかしてしまう。そんな確信による行為は、しばしばそのひとを深く表現するものであり、またときとして、世界を揺さぶってしまう。エミリー・デイヴィソンの行為もそうだった。イギリスの女性参政権活動家（サフラジェット）だったデイヴィソンは、１９１３年のダービーの最中、突如として国王が所有する馬の走路に立ちはだかった。デイヴィソンは、頭蓋骨を骨折し４日後に死亡した。彼女の体当たりは、計算や原則を超えており、ほとんど理解不能なものであった。帰りのチケットを購入していた彼女の動機が何であったかはいまだに不明であるものの、それは、戦闘的なサフラジェットとしての彼女の生を深く表現するものであった。その行為は、ある種の出来事としてそれを目撃した世界を揺さぶり、今でも抵抗の象徴として人びとにインスピレーションを与えつづけている[1]。

計算や原則を超えたところにある、確信にもとづく行為やそれによる自己表現——これは、文学や哲学の世界では、「ほんもの（authenticity）」とも呼ばれる。[2] デイヴィソンの行為は「ほんもの」だった。「ほんもの」は、とりわけ文学において重要視され、多くの文学作品は、みずからの確信によって創造的なしかたで行為する個人を描こうとしてきた。イプセンの『人形の家』がその例である。主人公のノーラは、じぶんではそれなりに幸せな結婚生活を送っていると信じていたが、ある日、夫から人形のように扱われていたと気づき、家も子供もすべて捨てて家を出ることを決意する。夫から「家族を捨てるなんて道徳に反している」と言われるとき、ノーラは返す。

そんなこと気にしちゃいられない。わかっているのは、こうしなくちゃならない、ってことだけ。（中略）これは、私自身に対する義務だから（『人形の家』邦訳 164-5）[3]。

ノーラにとって、「妻だから」とか「母親だから」とか、そんなのは知ったことではない。彼女は、とにかく家を出るしかないことだけは知っている。そしてこのとき、ノーラによる「人形の家から

（1）デイヴィソンの体当たりは、YouTube などでじっさいの映像を見ることができる（映画『未来を花束にして』でも題材となった）。また、デイヴィソンの生涯は、ブレイディみかこ『女たちのテロル』でいきいきと描かれている。
（2）これは「真正性」・「本来性」とも訳される。
（3）引用にさいして、一部表現を変更した。

の脱出」は、彼女のありかたを深く表現している。哲学において、このような「やるしかない」という必然性の概念に取り憑かれていたのが、バーナード・ウィリアムズであった。彼は、晩年にみずからの仕事をふりかえって、以下のように語っている。

私の仕事のすべては、「じぶんのなかでの必然性（inner necessity）」という考えを示すことにあった。つまり、何かをせずにはいられない、あるしかたで生きるほかない、あるいは、本当にじぶんであるもの、じぶんがその一部であるもの、じぶんの運命であるものを見つけだすこと。私はこの必然性の考えにまったく取り憑かれてきた（Jeffries 2002）。

同じインタビューにおいて、この「必然性」は「ほんもの」や「自己表現（self-expression）」とも言い換えられ、まさにこれこそみずからの哲学をつらぬく主題であったと語られる。つまり、ウィリアムズは、文学者たちと同様に必然性やほんものの考えに取り憑かれ、それを哲学の言葉で語ろうとしていたのである。

ウィリアムズの倫理学の大きな特徴は、こうした必然性・ほんものの考えに導かれながら、伝統的な倫理学の枠組みに挑戦したことにある。倫理学は従来、計算や原則にもとづく行為を重視してきた。すなわち、「私たちは何をなすべきか」という問いに対して倫理学者は、「みんなにとって一番幸福になるように計算して行為しなさい」とか「みんながそれをしてもよいような行為をしなさい」と答えてきた。ルールブック・マニュアルのようなものに従って行為を選択するというイメージだ。このようなイメージを、ウィリアムズは疑った。われわれがなにか重大な場面で決断・行為するとき、マニュアルや原則なんかに従っているのではない。むしろ、じぶんの内側から深く湧き上がる「やるしかない」という確信・必然性の方が重要ではないか。そもそも選択肢なんかないのではないか。デイヴィソンやノーラに選択肢などなく、他にどうすることもできなかった。これは、いわゆる「正しい行為」でも同じだろう。子供が溺れていたら、とっさに助けてしまう。困っている人がいたら、助けてしまう。そこには、計算や原則などなく、選択すらもない。どうしても助けてしまう。

ひとたび「やるしかない」という必然性に着目すると、この必然性というものが人間の営為に広く、重要なしかたで、行き渡っていることに気づく。まず、ひとを愛することに必然性は関わっている。選んでいるのではない。どうしても好きになってしまう。他人がどう思おうと、どうしても会いに行ってしまう。あるいは、社会が大きく変動するときにも、このような必然性が関わっている。いわゆる蜂起が起こるとき、そこには計算もマニュアルもなければ、見通しすら、おそらくない。とにかく、もう我慢ならない、そこから蜂起は始まる。このことは、小林多喜二の『蟹工船』において朗々と語られている。

「本当のこと云えば、そんな先の成算なんて、どうでもいいんだ。――死ぬか、生きるか、だからな。」「ん、もう一回だ!」
そして、彼等は、立ち上がった。――もう一度!(『蟹工船』137; 強調原文)

どうやら、人間の生というものは、決定的な場面において「やるしかない」という力によって導かれている。そうだとすると、計算・原則でばかり行為を考える倫理学は、なにか重大な誤解にもとづいているのではないか。ウィリアムズはそう考えた。そして彼は、「やるしかない」という必然性の考え方に導かれながら、新たな倫理学を立ち上げようとしたのである(むろん、その倫理学は、あらゆる必然性や確信を無差別に肯定するものではない)。しかしそれは、道徳的に危うい倫理学でもあった。というのも、「やるしかない」という必然性に注目するかぎり、道徳的な必然性は、必然性のひとつでしかないとわかってしまうからだ。必然性の向かう先は道徳に限定されない。例えば、家族を捨ててタヒチへと旅立ったゴーギャンのように、芸術作品を創るために反道徳的な振る舞いをする必然性というのもありうる。つまり、この倫理学においては、生の原動力を必然性によって考えていくうちに、道徳の特別さを剥がし落としてしまう。ここでわれわれは、ニーチェの予言に思い当たる。

あの善き崇められた事物の価値をなすところのものの実体は、そのものが一見それと反対なあの悪しき事物ときわどいほどに類似し、結びつけられ、つなぎつけられ、もしかしたら本質においてて全く同一である、というまさにその点に存することだって可能であるだろう。おそらくはそうだ！――だがしかし、このような危険な〈おそらく〉に関わりを持とうなどと思う者なぞいはしない！　そのためにだけでもわれわれは、新しい種類の哲学者の到来を待たなければならないのだ（『善悪の彼岸』第一章、二：邦訳 19-20; 強調原文）。

ウィリアムズの倫理学は、このような「危険な〈おそらく〉」に関わっていた。とはいえ、先を急ぎすぎた。この危うさは、本書の全体をとおして明らかになるだろう。現時点で確認しておくべきなのは、ウィリアムズの倫理学が生の原動力をめぐるものであったことであり、それが従来の倫理学と異なる動機を持っていることである。このことは、初期から後期に至るまでウィリアムズにおいて一貫しており、初期哲学を扱う本章でも確認できることである。

さて本章では、ウィリアムズ倫理学の方法論を主要な論点としつつ、彼の初期哲学を検討する。まず第一節でウィリアムズの生涯をたどっておく。そこでは、ウィリアムズ倫理学の背景にある経験や動機をいくつか見出すことができるだろう。そのあとで、ウィリアムズの初期の哲学をみていく。第二節では人格論を、第三節では初期の道徳心理学を確認する。ひとがそのひとであることという同一性（アイデンティティ）とたんなる類似性を区別する思考、そして、「あるひとの視点において感情や欲求がいかに現れるのか」を考える道徳心理学の方法によって、従来の倫理学の問題を捉えなおそうとする思考が扱われる。

1　疑り深き微笑み──ウィリアムズの生涯

第一節では、ウィリアムズの生涯をたどる。ウィリアムズが生涯思考しつづけていたのは、人生の乱雑さを理解するための倫理学だった。人生は陰影に富んでいて、複雑だ。従来の倫理学は人の生を白黒綺麗に切り分けすぎており、人生の乱雑さをうまく理解できていない。そのように考えたウィリアムズは、実際どのような人生を送ったのか。彼の生涯を詳細にたどったものは日本語ではまだなかったため、ここで見ておこう(4)。

バーナード・アーサー・オーウェン・ウィリアムズ（Bernard Arthur Owen Williams）は、1929年9月21日、エセックスの海沿いの街に、旧労働省の建築士の父親と秘書の母親のひとり息子として生まれた。パブリックスクールで学んでいたところ、奨学金を取って進学できるのがオックスフォード大学ベリオールカレッジの西洋古典学だったということで、そこに進学する。オックスフォードでは、エドワルト・フレンケルやエリック・ドッズといった著名な古典学者が、精緻な文献購読の授業を行っていた。そのなかでもウィリアムズは、古典読解において非凡な才能を示したらしく、フレンケルやドッズからプロの古典学者になることを期待されていたほどだった。のちに哲学者となった彼は、「じぶんは日曜古典学徒（part-time student）である」と謙遜してはいたものの、長らくギリシア哲学の講義を担当しており、生涯をとおして西洋古典や研究書に親しんでいた。[5] いずれにせよ、ウィリアムズが古典学から出発したことは注目に値する。ギリシア悲劇の人生観、つまり「人生は思いもよらないしかたで壊されうる」という悲観主義的な見方は、ウィリアムズ倫理学の深くに響きわたるひとつの動機にもなっているからだ。

かといってウィリアムズが古典学に熱中したのかといえば、そうではなかった。当時の古典学のプログラムでは哲学も必修になっており、彼は、古典学よりも哲学に魅せられた。ウィリアムズはのちに、「古典学の文献購読をとおして、むしろ哲学の方法を学んだ」と語っている（Jeffries 2002）。授業外でも友人と哲学的に議論するのを好み、話題は芸術、道徳、政治に及んだ。とりわけ、芸術と道徳の関係について異常な関心があったらしい。道徳の尺度で芸術作品を評価するのがばかげているとすれば、芸術は、道徳など超えてしまうのではないか。芸術家というのは、「反－規範的な存在（antinomian figure）」なのではないか。学部生時代のウィリアムズはそう考えていた。のちに

（４）本節の執筆にさいしては、Jeffries 2002, Lehmann-Haupt 2003, Nussbaum 2003, O'Grady 2003, The Telegraph 2003, Burnyeat 2006, Voorhoeve 2009, Moore 2011, McMahan 2013, 児玉 2022 を参考にした。

（５）ギリシア哲学のマイルズ・バーニェットはウィリアムズによる『テアイテトス』の講義に衝撃を受け、そこでのインスピレーションをもとに研究書を書いている（Burnyeat 2006: xxi）。また、日本でも神崎繁がウィリアムズの古典ギリシア研究を高く評価している（神崎 2008: 213）。

「ゴーギャン問題」[6]と呼ばれることになる議論の原型が、ここにみてとれる。家族を捨ててタヒチへと向かい、みずからの芸術を創りあげたゴーギャン。道徳に反しながらおのれの人生を完成させるその姿の衝撃が、火種のようにウィリアムズのなかで燻っていたのかもしれない。

オックスフォードでウィリアムズは、終生にわたって哲学的に対決することになるR・M・ヘアと出会っている。厳格な教官として知られていたヘアは、学部生相手でも厳しい議論をぶつけた。ヘアとの面談で、ひとり、またひとりと論破されていくなかで、学生たちは互いの議論状況を教えあって反論を検討したという。ウィリアムズもそのような学生のひとりだった。彼は、みずからとヘアの関係を「エディプス的（Oedipal）」なものだったと回想している。ヘアはウィリアムズにとって「倒すべき父親」だったのだ。ヘアが固執した、正しい行為を説明する「倫理学理論（ethical theories）」という考えに対して、ウィリアムズは一貫して批判しつづけた。ウィリアムズはのちに「筋のとおった倫理学理論は不可能である」とまで語ることになる（MSH 171）。生の実践を適切に導くような倫理学理論などというものは、存在しない。この衝撃的な結論への道筋は、第三章でみていくことになる。

1951年にオックスフォードを最優等の成績で卒業したウィリアムズは、卒業と同時に同大学オールソウルズカレッジでのフェローシップを得る。この間は、さまざまな意味で充実していた。二年間RAF（イギリス王立空軍）で兵役に就くものの、スピットファイアのパイロットとしての経験をひじょうに楽しんでいる。飛行機の速度に魅せられたウィリアムズは、異常な速度で車を飛ばすことを生涯の趣味にしたという。また、兵役から戻ったウィリアムズは、言語哲学全盛の雰囲気のなかで、哲学者たちと議論を繰り返すゆたかな日々を過ごす。当時のオックスフォードには、アイザリア・バーリン、ステュアート・ハンプシャー、A・J・エイヤー、エリザベス・アンスコム、ギルバート・ライルらがいた。ウィリアムズは、このとき、ライルからは「何々主義といったラベルのもとで哲学をしないこと」、アンスコムからは「哲学とは、頭の良さ（being clever）の問題ではないこと」を学んだと語っている（Voorhoeve 2009）。哲学は、議論を上手くやることに尽きるのではない。そもそもその議論が、事柄として何を問題としているのか、その問題を扱うことにどんな意味があるのか、考える必要がある。哲学はたんなる知的パズルではなく、真剣にされねばならない。

いくつかの講師職を経たあとで、ウィリアムズは、ライルの後押しのもと1959年にロンドン大学に着任する。オックスフォードを離れ、ウィリアムズはある種の解放感を得ていた。言語分析を主とするオックスフォード流の哲学は、彼にとってどこか人間離れしているものだったからである。哲学は、社会科学や歴史による人間の理解を離れて行うことができるものなのだろうか。むし

（6）ゴーギャンは、家族を捨ててタヒチ島へと旅立つという不道徳な行いをしたが、それによってみずからの芸術的才能を開花させたために、「正当化されている（justified）」ようにも思われるという、ウィリアムズが提起した問題である（第三章参照）。

ろ哲学は、人間を考えるべきではないか。しかし、どのような方法によってそれをするのか。悩みながらも、ウィリアムズはみずからの哲学を生み出し始めることになる。この頃の論文は、人格の同一性の問題を中心としている。「私が私である」とはどういうことか。この問いに悩まされたウィリアムズは、やがて、「私が私を生きる」ことを考える倫理学へと接近していく。人格論から倫理学に至る、この最初期の論考は1973年に論文集『自己をめぐる諸問題（*Problems of the Self*）』としてまとめられ、出版されている。

1967年にケンブリッジ大学へと移ったウィリアムズは、さらに活動的になる。キングスカレッジでのはじめての女子学生受け入れなどの校務のかたわら、1972年にはじめての単著『道徳――倫理学へのひとつの入門（*Morality: An Introduction to Ethics*）』を出す。倫理学の入門書の依頼に応えた本書では、倫理学の伝統的な問題がウィリアムズ独自の方法によって次々にさばかれる。また、本書の最終章で功利主義が検討されることも、注目に値する。「最大多数の最大幸福」を目指すことが正しいとするこの理論について、ウィリアムズは本書以降、懐疑の目を向けるようになる。そして、その成果は、1973年の共著書『功利主義論争（*Utilitarianism: For and Against*）』に結晶する。ウィリアムズは、功利主義批判を担当したこの本において、のちに「インテグリティによる異議（integrity objection）」と呼ばれることになる重大な批判を提起している（第二章参照）。

彼の人生における決定的な転機が、ケンブリッジでのこの時期にあったことを指摘しておこう。パトリシアという編集者との出会いである。ケンブリッジ大学出版局で『功利主義論争』を担当していた彼女は、ウィリアムズの同僚の歴史学者クエンティン・スキナーの妻でもあった。さらに言えば、ウィリアムズは妻帯者だった。彼の妻シャーリーは、新聞記者から労働党の国会議員になった、新進気鋭の政治家だった。シャーリー・ウィリアムズは、1974年には労働党内閣で大臣にもなっており、サッチャーが現れるまで、初の女性首相に最も近い人物だったことでも知られている。パトリシアとウィリアムズは、しかし、不倫の恋に落ちてしまう。ふたりは1971年にはすぐに同棲を始め、74年にカトリックだった前妻シャーリーとの離婚が正式に成立するとともに結婚、75年には息子が産まれている。

突然、すべてを捨ててまで恋に落ちたふたりのあいだに何があったのかは、あまりわかっていない。わかっているのは、ウィリアムズが亡くなるまでパトリシアは一緒であり、ふたりは幸福だったということである。[7] また、ウィリアムズのテクストでは、不倫の事例が幾度も論じられていることを指摘しておこう（MSH 24 ; SN 45）。ひとりの男が、悩み苦しんでいる。新たに現れた女性との不倫の恋に身を捧げるか、それとも、今の妻のもとにとどまるか。悩み抜いている時点において、答えはどこにもない。そのときのじぶんの気持ちをどんなに見つめなおしたとしても、男の行動の正しさは、あとから決まるだろうからである。男が妻のもとにとどまったとして、妻と幸せに過ご

（7）パトリシアは現在もウィリアムズの遺稿を管理しており、2019年のウィリアムズに関する学会に参加するなどしている。

せば当時の悩みはたんなる「気の迷い」になるだろうし、妻との生活が破綻すれば、彼は間違っていたことになる。新しい恋に身を捧げても、話は同様だ。「彼の選択の正しさ」には、つねに運の要素がつきまとう。答えはあとからしかわからない。つまり、決断の正しさは「運」に依存して、決断はある意味で「賭け」だ。不倫の事例は、一般的にはゴーギャンに託して語られる「道徳的な運（moral luck）」の議論の変奏である。ウィリアムズはおそらく、パトリシアとの恋において人生を賭けた。運を語るウィリアムズの脳裏にはつねに、このときの苦悩と決断があったのではないか。ひとを愛することは、いつだって賭けだ。(8)

再婚以降のウィリアムズは、ひじょうに実り多い時期を過ごす。１９７８年にデカルトに関する単著『デカルト――純粋な探究のプロジェクト（*Descartes: The Project of Pure Enquiry*）』を出版、１９７９年にはキングスカレッジの寮長になり、入試格差是正やフェローシップ制度拡大につとめた。彼はこの多産な時期について、講義の義務から解放され、自由にものを考えられるようになったと回想している。１９８１年に論文集『道徳的な運（*Moral Luck*）』、１９８２年に編著『功利主義をのりこえて（*Utilitarianism and Beyond*）』、１９８５年に主著と目される『生き方について哲学は何を言えるか（*Ethics and the Limits of Philosophy*）』を出版している。この時期のウィリアムズは、ギリシア悲劇、ディドロ、ルソー、キルケゴールといった古典に読み耽っていた。ウィリアムズにとって自由な古典研究は、自己解放的であったとともに、その後の研究の方向性を定めるものでもあった。この時期の古典研究のうちでも特筆すべきは、ニーチェ研究である。それまでニーチェに対して軽蔑的ですらあったウィリアムズは、この頃から、ある種の衝撃とともにニーチェを本格的に読むことになる。ニーチェから直接思想を取り出すことを戒めつつも（MSH 65-6）、道徳批判や誠実さなどのニーチェ的な主題、そして系譜学といったニーチェ的な方法へと関心を移していく。

１９８８年、大学を軽視する姿勢を繰り返すサッチャー政権への抵抗の身振りとして、ケンブリッジの職を辞する。家族とともにアメリカの西海岸に移り、カリフォルニア大学バークレー校の教授になる。とはいえ、家族を伴ってのアメリカ移住は困難が多く、アメリカ政治にも興味が持てなかったため、二年後に帰国することになる。ウィリアムズのアメリカ生活において特筆すべきは、バークレーでのサザー古典学講義（Sather Classical Lectures）である。これは、１９２０年代からの伝統を持つ特別講義で、古くはジョン・バーネットから、ウィリアムズの古典学の師匠であるエリック・ドッズ、そして、モーゼス・フィンリーなどが講師を務めていた。バークレーの地でウィリアムズは、従来の古典学の方法を批判しつつ、ギリシアの倫理思想――とりわけギリシア悲劇――における倫理を論じた。近代道徳を身につけたわれわれにとって、古代ギリシアは倫理的に未熟とされてきたが、そうではない。むしろ、ギリシアの倫理思想は、近代道徳が見失った感性をそなえて

（8）「ある行為が正当化されているかどうか」は、行為ののちのなりゆき、つまり運にも依存しているという議論。従来の道徳哲学（とりわけカント主義）では、行為が正しいかどうかは行為の時点までで決まると想定されていたために、論争を引き起こした（第三章参照）。

いる。そのような感性とは、例えば、必然性や運の感覚であり、そしてそのひとの必然性と他者への眼差しとが混ざり合った恥の倫理である。１９９３年の『恥と必然性（*Shame and Necessity*）』は、この講義をもとにした著作である。古代ギリシアに近代道徳のオルタナティブを見つけようとするウィリアムズの議論は、ある種の衝撃をもって受け止められた。

１９９０年に、学生時代を過ごしたオックスフォード大学へと移る。１９９７年に教授職を退職したが、オールソールズカレッジのフェローとして残った。その間、１９９５年に論文集『人間性を理解する（*Making Sense of Humanity*）』を、１９９８年にプラトンの入門書『プラトン――哲学の発明（*Plato: The Invention of Philosophy*）』を出版した。しかし、その年に、ガンを宣告される。死の淵に立たされながらウィリアムズは、真理の価値の問題を思考した。「なぜ真理は重要なのか」、「われわれが真理を求めることに価値はあるのか」。真理に関するこうした問いは、当時の情況からすれば、さしせまったものだった。当時の哲学では、真理概念そのものが疑問視されていたからである。例えば、アメリカの哲学者リチャード・ローティは、客観的な「真理」のようなものは必要ないと論じていた（TT 128; Rorty 1995）。重要なのは共同体内での意見の一致なのであって、それ以上の「真理」のようなものを持ち出してもしかたがないと議論されていたのだ。「ポスト・トゥルース」の時代において、哲学は何を言いうるのか。真理を求めることに意味はないのか。

ウィリアムズは、真理を政治的にも重要な問題だと考えていた。権力は、不都合な真理を覆い隠してしまう。あるいは、人びとの考える「真理」それ自体が権力によってつくられたものかもしれない。例えば、女性参政権が勝ち取られる以前、「女性は感情的であり、政治的決定には向かない」といった考えが男性政治家によって喧伝され、大衆が扇動されていた。権力は、情報だけでなく思考まで支配する。この構造を打破するのは、どこまでも真理を追い求める誠実さ（truthfulness）なのではないか。ウィリアムズは、そう考えた。彼はかくして、病床にありながらも、誠実さを擁護する『真理と誠実さ（*Truth and Truthfulness*）』と題された著作に着手したのだった。著作は２００２年に出版され、ウィリアムズは２００３年に亡くなった。妻パトリシアに見守られながら、73年の生涯を閉じた。『真理と誠実さ』がその遺著となったものの、死の間際まで、近代リベラリズムの系譜学に関する著書を準備していた（第四章参照）。左翼として、友とレーニン主義を議論していた早熟の若者は、老いてなおその最期に至るまで、政治を思考しつづけていた。

大学ではそれなりに手厚いサポートを行う教員だったらしい。ウィリアムズの指導と一定の影響を受けた哲学者として、古代哲学のマイルズ・バーニェット、行為論のジェニファー・ホーンズビー、ヒューム研究のポール・ラッセル、認識的不正義の研究で知られるミランダ・フリッカーらがいる。また、大学とは別に、ふたつの仕事をしていた。ひとつは、政府の倫理委員会である。ウィリアムズは、労働党内閣のもとで、ポルノ映画・ギャンブル・ドラッグ・パブリックスクールについて議論した。とりわけ１９７６年からのポルノ映画検閲に関する委員会では委員長を務め、79年に『ウィリアムズ報告書』をまとめている。これは、「危害を与えないかぎり自由は守られるべきである」という危害原則（harm principle）に基づいて、児童保護に抵触しないポルノ映画の自由を認めるというリベラルな内容だったため、労働党から政権交代したサッチャーらによって黙殺された。ウィリアムズの仕事のもうひとつは、英語上演で知られるオペラカンパニーであるイングリッシュナショナルオペラの評議員である（1968〜1986年）。少年時よりオペラを愛していたウィリアムズは、上演のプログラムノート執筆やBBCでの解説も引き受けていた。これらのオペラ論を集めたものが、2008年に『オペラについて（*On Opera*）』として出版されている。彼のオペラ論は、哲学の概念を振り回してオペラを論じるようなものではなく、むしろ作曲家の個性に迫ろうとする堅実な作家論・作品論が多い。とはいえ、オペラと彼の哲学とのあいだに結びつきがなかったわけではない。不死に関する論文は、ヤナーチェクのオペラ『マクロプロス事件』に魅せられた衝撃のうちに書かれた。また、著名な論文「内的理由と外的理由（Internal and External Reasons）」では、ブリテンのオペラ『オーウェン・ウィングレイブ』が扱われている。そして、ウィリアムズとパトリシアの恋は、ふたりでワーグナーの『トリスタンとイゾルデ』を観にいくところから始まったということも付記しておく。

ウィリアムズは、みずからの性格について語る際には、その疑り深さを強調していた。ニーチェ、マルクス、フロイトにみられるような、価値の装いがあるものをつねに疑う態度――ポール・リクールが「懐疑の解釈学」と呼んだ態度――は当然のことだった（Voorhoeve 2009）。議論においても、徹底的で容赦がなく、その手厳しさは周囲を恐れさせた。価値ありとされるものすべてを疑うウィリアムズの姿がほのみえる。疑り深く悲観的な哲学者――これは、懐疑主義的なウィリアムズのテクストとも符合するかもしれない。そのいっぽうで、とても明るい人柄だったという証言も多い。映像でわかる通り、よく笑う人であり、ブラックジョークを臆面なく飛ばす人でもあった。当時の男性としては珍しく、真剣なフェミニストでもあった[(9)]。懐疑的で暗い人柄と、明るく力強い人柄、どちらがウィリアムズの本当の姿だったのだろう。それはわからない。ただ、彼のテクストを読んでひとつわかるのは、彼の哲学にはいつも悲観と希望の双方が響いている、ということだ。

2 人格論——複製・恐怖・身体説

ウィリアムズの生涯を確認することで、分析哲学の伝統で育ちながらも、古典への感受性をもって独自の倫理学を展開した彼の姿が浮かびあがってきた。以下では、ウィリアムズの初期の哲学をみていく。ウィリアムズがまだ20代だった時期から、ケンブリッジで著作を発表するまでの時期(1956〜1972年)の論文集『自己をめぐる諸問題』から、5本の論文をとりあげる。最初の2本は人格論に関するもので、あとの3本は倫理学に関するものである。

(9) マーサ・ヌスバウムは、彼女の指導教官のセクシャル・ハラスメントが問題となった際に、ウィリアムズがかけた、「みずからの尊厳を犠牲にしてまで何かに耐えるべきではない」という言葉を回想している(Nussbaum 2003)。

増殖するガイ・フォークス――「人格の同一性と個体化」（1956〜1957年）

いまや倫理学の分野で知られるウィリアムズが、人格論からキャリアを出発させたことはあまり知られていないかもしれない。とはいえウィリアムズは、人格の同一性の問題を論じる際には、必ず言及される存在でもある。しばしば指摘されるように、現代哲学において人格の同一性の問題を復興させたのは、ウィリアムズであるとも言える（Noonan 2003: 125）。まずは、ウィリアムズの人格論をみよう。

人格の同一性の問題とは、「ある時点での人格Aと異なる時点での人格A'が同じ人格（person）であるとはどういうことか」、あるいは「私が私であるのはどうしてか」という問いをめぐるものである。ふつうに生きていれば、人格の同一性は疑いえない。昨日ブラジリアン柔術のジムに通っていた私と、今日ここで原稿を書いている私は同じだ。あるいは、2日前に僕が話していたMさんと、今日話したMさんは同じひとだ。だがしかし、彼女が全く記憶を失ってしまえばどうだろう。道で滑って頭を打ってしまったようだ。話してみると、彼女はすべての記憶を失っている。私のことすら忘れてしまったようだ。しかし、また次の日に話してみると、しっかり覚えている。どうやら記憶が戻ったようだ。このようなとき、「記憶を失っているあいだ、MさんはMさんじゃなかった」と考えるかもしれない。だとすれば、ある時点t1でのMさん（M1）と、異なる時点t2でのMさん（M2）が同一である条件を考える必要が出てくる。これが「人格の同一性」の問題である。

重要なのは、記憶じゃないか。私の体が大きくなっても、寝ても覚めても、記憶があるかぎり私は私だ。記憶を失えば異なるひとになってしまう。だとすると、「M2がM1と同じ人格であるのは、M2がM1の記憶をもっているときである」と言えることになる。これは、人格の同一性に関する「記憶説」と呼ばれる立場で、17世紀の哲学者であるジョン・ロックが同様の立場を提唱していらい、哲学においては支配的な立場だった。記憶説によれば、記憶が同一であれば人格は同じなのだから、記憶を異なる身体に入れても同じ人格だということになる。じっさい、SFでは、記憶を他の身体に移すという設定がよく出てくる。例えば「Upload」というSFドラマでは、人間の記憶が仮想世界にアップロードされて、死後の世界で生きる姿が描かれている。記憶さえあれば、同じひとなのではないか。

ウィリアムズの論文「人格の同一性と個体化（Personal Identity and Individuation）」は、この記憶説に立ち向かうものだ。記憶説は、人格の同一性の必要条件としての「身体の連続性（the continuity of body）」を無視している。同じ身体をもっていないと人格の同一性があるとは言えないのだ、とウィリアムズは批判する。ウィリアムズの議論は、以下のシンプルな思考実験による（PS 4-9）。

ガイ・フォークスの記憶

ある朝に目が覚めると、チャールズはそれまでのすべての記憶を失うとともに、新たな記憶を獲得していたそうだ。彼の証言する記憶は、とても現代の出来事とは思えない。[10]彼の記憶を精査してみると、1606年に処刑された爆弾テロリストであるガイ・フォークスの人生の記録と一致していることがわかった。彼の記憶は、詳細なレベルで歴史的記録と一致するだけでなく、これまで説明されてこなかった歴史的事実を説明するものとなっているとわかった。どうも記憶は本物のように思われる。

このとき、われわれは「チャールズはガイ・フォークスになったと言うべきだろうか？」（PS 8）。記憶説によればそうなるだろう。記憶説によれば、身体が異なっていても、記憶さえ同一であれば、同じ人格だということになる。ならば、ガイ・フォークスが現代に蘇ったということになる。ウィリアムズはこのような記憶説の結論に異を唱える。むしろ、「チャールズはガイ・フォークスのようになった」だけではないか。ふたりはきわめて似ているだけであって、同一の人物ではない。そのことを示すために、ウィリアムズは、次のような状況を想定する。すなわち、チャールズの弟であるロバートも、ある朝起きると、チャールズと全く同じ記憶を持つようになった。記憶についていえば、チャールズとロバートはどちらも同一である。よって、チャールズとガイ・フォークスが同一ならば、ロバートもガイ・フォークスだということになって、ガイ・フォークスはふたつの場所に同時に存在することになってしまう。これはおかしい。

ウィリアムズのポイントは、「同一性（identity）」と「厳密な類似性（exact similarity）」を区別するところにある（PS 9）[11]。つまり、「AとA'が同一であること」と「AとA'が似ていること」は異なる。記憶だけでは、似ていることまでは言えても、同一であることまでは言えないということだ。記憶や性格だけなら、いくらでも複製（reduplicate）できてしまうからである。

では、同一性には何が必要なのか。ウィリアムズによれば、必要なのは、身体にほかならない（PS 10）。「身体が連続していること」は、記憶や性格と異なり、複製できないからだ。コピーによって造られた身体はすでに異なる身体であるように、この空間をこの時間占める身体は、複製できない。この身体を占めているかぎりにおいて、私は私であることができる。かくして、身体の連続性は、人格の同一性の必要条件である。これが、「身体説」である。

身体と気遣い――「自己と未来」（1970年）

ウィリアムズの身体説の議論は、現代哲学において人格の同一性の問題を復興させる契機となったものの、直ちにウィリアムズへの反論が提起され、ウィリアムズもそれに応答することになった[12]。

（10）ガイ・フォークスは、1605年の議会爆破未遂事件の実行犯のひとりで、貴族院地下で爆弾を見張っていたところを11月5日に逮捕され、拷問ののちに処刑された。以降、11月5日はガイ・フォークスナイトと呼ばれ、彼の顔を模した仮面を被る慣習もみられた。アラン・ムーアの漫画『Vフォー・ヴァンデッタ』と同名の映画化作品以降、ハッカー集団アノニマスなどによって、匿名の抗議者のアイコンとして使用されるようになる。
（11）哲学の用語で言えばこれは、「数的な同一性（numerical identity）」と「質的な同一性（qualitative identity）」の区別である。
（12）初期の反論に対する応答としては「身体的連続性と人格の同一性（Bodily Continuity and Personal Identity）」（PS 19-25）がある。

反論者は、例えば、身体だけが「同一性」を担保できるという根拠はどこにあるのか、と問う(Swinburne 1984: 14)。脳を右脳と左脳に分割できるように、身体だって複製できてしまうのではないか。身体はいかにして同一性を確保しうるのか。

ここでウィリアムズは、身体の時空的連続性を重視する積極的な理由を提示せねばならない。身体はいかにして同一性を確保しうるのか。ウィリアムズの論文「自己と未来(The Self and the Future)」は、この問いに応答しようとするものである。ウィリアムズの論文「人格の同一性と個体化」での問題意識を引き継ぎつつ、積極的に身体説を打ち出す理由を説明しようとする。つまり彼は、「人格の同一性と個体化」での問題意識を引き継ぎつつ、積極的に身体説を打ち出す理由を説明しようとする。ウィリアムズの答えは、われわれの「身体への気遣い」に注目するものである。その議論をみよう。

ウィリアムズは、論文のなかで、ふたつの対立する直観をもたらす思考実験を示す。ひとつ目の実験では、脳の情報を互いに交換するふたりの人物が扱われる(PS 47-9)。

脳情報交換手術

ふたりの人物AとBがいる。ふたりの脳情報はダウンロードされて、相手の脳に上書きされることになっている。つまり、現在のAの脳情報はBの脳へと、現在のBのそれはAの脳へと交換されて上書きされる予定だ。この手術を受ける前に、ふたりは以下のことを宣告される。すなわち、手術後、片方の人物に10万ドルが与えられ、もう片方の人物には拷問が加えられる。ふたりは、どちらの身体が拷問を加えられるべきか希望を出すことができる。

「身体はそのままで、記憶・脳情報が交換される」ということを告げられながら、手術のあとで、どちらの身体が痛めつけられるべきか決めることができる。ウィリアムズが指摘する通り、ふつうならふたりともこぞって、手術前とは違う身体の方が痛めつけられるべきだと考えるだろう。Aさんは「今のじぶんの身体をもった人（Aの身体）が痛めつけられるべきだ」と考え、Bさんは「Bの身体が痛めつけられるべきだ」と考えるだろう。つまり、この実験は、人格の同一性において身体よりも記憶の方が大事であること——記憶説の身体説に対する優位——を示すように思われる。「自己と未来」という論文の主題に即して言えば、「未来において私に何が起こるのか」という問いは、「未来においてこの身体に何が起きるのか」という問いと異なりうるということだ（PS 49）。「私」は、未来において「この身体」とは異なるものに宿るかもしれない。この思考実験自体は、記憶説を支持する典型的な議論だろう。身体ではなく記憶こそが私の同一性をつくる、というわけだ（PS 51）。

だが、本当にそうだろうか。われわれは、「記憶が異なる身体に宿る」と簡単に考えてしまう。「記憶＝私」は身体とはそもそも分離されていて、この身体にたまたま宿っているに過ぎないというイメージだ。しかし、ことはそう簡単にはいかないのではないか。ウィリアムズはそう考えた。ことの複雑さを示すため、ウィリアムズはふたつ目の思考実験を示す（PS 51-2）。

拷問への恐怖

私は秘密警察に捕まってしまった。将校が私に、「明日には拷問を加える」と告げる。拷問は恐ろしい。不安に震える私に対して、将校は、「心配するな。拷問前にお前の短期記憶を消す手術をするから、拷問があるということを忘れるぞ」と付け足す。しかし、私の恐怖は消えない。将校は続ける。「怖いか。ならすべての記憶を消してやる」。しかし、それでも怖がる私に対して将校は、「拷問前にお前には別の囚人の記憶を植えつけてやる」と告げる。

拷問前に拷問のことを忘れさせられようと、今この私がもっている拷問への恐怖は消えない。これは当然のことだろう。「拷問のことを忘れた時期に拷問してやる」と言われたとしても怖いのと同様に、記憶を全く消されたとしても拷問は恐ろしい。記憶を消されるのも怖いが、拷問も相変わらず怖い。だとすれば、そこで別の人間の記憶を代わりに植えつけられるとしても、拷問はやはり恐ろしい。

だが、これは奇妙なことである。というのも、この実験は、先ほどの「脳情報交換手術」の実験と構造的には似ているからだ。先の実験では、他人の記憶が植えつけられるじぶんの身体を、AやBは気遣っていなかった。ひるがえってこの実験では、私の記憶が消え、他の人の記憶が植えつけられるにもかかわらず、私はこの身体が傷つけられることを恐れてしまう。ふたつの実験で異なる考えが出てくるのはなぜか。

記憶説の支持者は、ふたつの実験が異なると考えるだろう。先の実験では、私の記憶は他人の身体へと移植されるのだった。拷問の実験では、私が依然としてこの身体に宿っているように思われるのに対して、脳情報交換手術では人格が異なる身体へと移ってしまったように思われるのである。そこで、記憶説の支持者に従って、拷問の実験を脳情報交換手術の実験と同じ構造にしてみよう（PS 56）。新しいシナリオでは、将校は次のように言う。「お前の記憶を消して別の囚人の記憶を入れてやると言っているのに、まだ拷問が怖いのか。なら、お前の記憶は抽出しておいて、その囚人に入れておいてやろう」。

ウィリアムズが主張するのは、その場合でも依然として、私は拷問を恐れるということである（PS 57）。というのも、私の記憶が他の囚人に移植されることになっても、私に起こることは何も変わっていないからである。変更が加えられたのは、あくまでも他人に起こること（他人の脳に私の記憶が移植される）である。こことは別のところで、私の記憶が誰かに移植されているに過ぎない。だから、記憶を消されるケースで私がこの身体を気遣うならば、記憶を移植されるケースでも、私はこの身体を同じだけ気遣うはずだ。私は拷問への恐怖を抱きつづける。他人に私の脳情報がコピーされようと、この身体は私のものだ。この身体への気遣いがあるかぎり、私はやはりこの身体に宿っていることになる。

まとめよう。ウィリアムズは、身体への気遣いに着目して、人格の同一性に関する身体説を擁護した。それは、人格の同一性の議論において、一人称的視点（私の視点）に着目することでもある。私の視点に立つとき、この身体に起きる未来への気遣いが現れてくる。それは心や記憶に関して何が起きたとしてもじぶんごととして考えることである。拷問への拭えない恐怖（じぶんごとの恐怖）は、心や記憶に関してどんな変化が起きたとしても、私がこの身体とともにあることを示唆している。これによって身体説は、それを支持する積極的な理由を示したことになる。

では、記憶説を動機づける思考とはどのようなものなのか。われわれは、「脳情報交換手術」のような実験を考えるとき、心が宙に浮いて異なる身体へと渡り歩くさまを想像している。このような「ゴースト」の想像が記憶説の基礎にはある。しかし、この想像は実のところ、疑わしい。事態をひとごととして、三人称的に考えればそのような想像ができるのかもしれないが、じぶんごととして一人称的に考えるかぎり、リスクを感じるだろう。他の身体に脳情報がコピーされようと、私には関係ないのではないか。私は他の身体には移れないのではないか。記憶説の想像に対して、身体説のリスク感覚を対置するとき、記憶説への疑念が生まれてくる。このように、ウィリアムズは、どこまでも一人称的な感覚に寄り添って思考する。彼は、一人称的経験に着目する方法を、倫理学にも適用することになる。

最後に、ウィリアムズの人格論のそののちの展開を付記しておこう。彼の議論は、多くの反論を招くことをつうじて、人格の同一性の議論を活発化させることになった。そのなかから、ひとつ、破格の議論が出てくることになる。デレク・パーフィットが展開した、人格の同一性に関する複合説である。(13) ウィリアムズが、人格の同一性を類似性から区別して確保する方法を模索したのに対し、パーフィットは、そもそも「人格の同一性は重要ではない」と論じた。重要なのは、「心がどれほど、繋がっているか」という程度の問題であり、「つねに同一の自己があるかないか」ではない。私の心に似た状態・記憶が他の身体にある程度そなわるならば、私は存在していると考えてよい。例えば、拷問に恐怖することは錯覚であり、私は他の囚人の身体でそれなりに生きていると考えてよい。パーフィットは、このように人格の同一性の問題そのものを破壊するのみならず、そこから道徳的な帰結も出す。すなわち、私が誰であるかは重要ではないのだから、私の今の利益に執着すべきではない。人格論批判から非人格性の倫理学へ。ウィリアムズも、パーフィットへの応答にさいして、人格論から倫理学批判へと移っていく。われわれは、第二章において彼の論文「人格たち、ひととなり、道徳（Persons, Character, and Morality）」（１９７６年）を検討するさいに、そのしだいを確認するだろう。

3　初期の倫理学——感情・悲劇・道徳心理学

方法的批判——言語分析とは別のしかたで

第一節で述べたように、１９５０年代からすでに、ウィリアムズは言語分析を主とする当時の哲

（13）パーフィット 1998、とりわけ第十二章を参照。

学の方法に不満を抱いていたのだった。哲学は人間離れしてしまっているのではないか。この不満は、とりわけ倫理学・道徳哲学において強かった。倫理学は人間の倫理を扱うものだ。しかし、言語分析を主とする倫理学はもはや人間の倫理を扱っていないのではないか。ウィリアムズは当時の状況を批判する。

だがかつての道徳哲学が空虚であるのは、慣習的な道徳的思考が空虚であることにしばしば由来していた。道徳的な問題を陳腐なしかたで扱っていたのだ。現代の道徳哲学といえば、そのつまらなさにかけて、新たな方法を発明したと言える。もはや、道徳的な問題を一切合切扱わないというのだ（M xvii）。

当時の道徳哲学は、いわゆる「メタ倫理学」を中心としていた（M xii）。メタ倫理学（metaethics）とは、倫理学の一分野であり、倫理的な問題を直接考えるよりも、われわれの倫理的な営みがそもそも何をやっているのかということを考える学である。「臓器移植が悪いかどうか」ということを直接議論するのが規範倫理学（normative ethics）であるとすれば、「臓器移植が悪いというときわれわれは何を主張しているのか」、「臓器移植が悪いという性質は世界に実在するのか」といったメタの問い（二階の問い）を考えるのがメタ倫理学である。メタ倫理学では、例えば「道徳的判断を下すとは、態度の表出か、事実の認知か」といったメタの問いを扱うが、直接道徳的な問い（一階の問い）

に答えることはしない。メタ倫理学には、道徳的な説教に陥らないように哲学をするというある種の美点がある。「哲学」を騙りながら、「あれをしなさい、これをしなさい」と説教を垂れるのは最悪だ。しかし、だからといってメタの問いや概念分析に終始するのは、道徳哲学として何かが欠けているのではないか。ウィリアムズはそう考えた。

だとすれば、新たな道徳哲学が必要になってくる。お説教でもなく、図式的な分析でもなく。初期のウィリアムズは、そのような新たなアプローチを模索していた。人間の倫理はとても複雑だ。その複雑さのリアルを見据える方法が必要になる。そこでウィリアムズが注目したのは、個人の経験として捉えられた倫理的な現象を検討する方法である（M xxi）。倫理が一人称的にどのように現れるのか、考えてみよう。これは、一般には「道徳心理学（moral psychology）」と呼ばれる方法への注目である。[14] 道徳心理学とは、感情や欲求などの分析をとおして、人間の倫理的思考や振る舞いの構造を検討する、倫理学の方法である。[15] つまり、「倫理的／非倫理的に行為するとき、ひとはどう考え、感じているのか」、考えてみる方法のことだ。ウィリアムズによれば、新しい道徳哲学・倫理学は、「われわれが行為するときにどう考え・感じているか」、「ある行為をする理由があるとは

（14）ウィリアムズについての解説書の著者であるジェンキンスも同様の指摘をしている（Jenkins 2006: 2）。なお、そこで彼も指摘するように、道徳心理学への注目は、G・E・M・アンスコムによる「道徳哲学の研究は、心理に関する適切な哲学を手に入れるまでは、ともかくも棚上げにしておくべきものであり、われわれはその哲学を著しく欠いている」（アンスコム 2021: 141）という指摘を反復している。

どのような事態か」、「行為の一貫性とは何か」、「道徳的な衝突がどのように現れるか」、こういった問いをリアルに考える必要がある（M xxi）。リアルな道徳心理学を開始することは、ウィリアムズ倫理学をつらぬく基本線になっていく。以下では、初期のウィリアムズによる道徳心理学の展開をいくつかみさだめておこう。(16)

真摯さを理解する——「道徳と感情」（1971年）

すでに指摘したように、20世紀前半の倫理学は言語分析を武器としていた。「Aすべきだ」、「Bすることは道徳的に善い」といった言葉を使うとき、われわれは何を意味しているのか。道徳の言語を分析することで、さまざまなことがわかってくる。例えば、事実（fact）に関する判断と価値（value）に関する判断のあいだには何らかの断絶があるように思われてくる。「Xは事実である」と判断することと、「Yすることは道徳的に善い」と判断することは異なるように思われる。後者の価値判断には、Yに対する肯定的な評価が含まれていて、じぶんもYという行為をしようとする準備があるように思われる。実際、「Yすることは道徳的に善い」と言いながら、じぶんは全くYしようともしないという人がいたら、われわれはその人の判断を怪しむだろう。言語を分析することで道徳の性質がクリアになる。このように、20世紀のメタ倫理学は、言語分析を武器にして哲学をしていた。

しかし、ウィリアムズにとって、言語分析は人間の感情の検討を怠っているように思われた（PS

207）。言語分析は、価値判断や評価語（「善い」など、評価を行う言葉）を一般的に検討してしまうが、言葉を使うときのわれわれの感情はさまざまに異なるのではないか。感情を込めて言葉を使うこともあればそうでないこともあるし、思ってもいないことを口走ることもあれば、真摯に言葉を使うこともある。言葉の使用を一般的に分析するだけでは不足しているのではないか。人間の感情をもっと繊細に検討する必要がある。

道徳哲学において、人間感情はなぜ重要なのか。ウィリアムズの論文「道徳と感情（Morality and Emotion）」はそれを検討するものである。この論文によれば、感情は、倫理的な真摯さ（sincerity）の理解にとって重要である。倫理的に真摯であること、これを理解するためには感情というファクターが必要になるというわけだ。これはふたつの議論による。第一に、他人の道徳的判断の表明や発言が真摯であるかどうかを理解するために、そのひとの感情構造を理解することが重要になる。つまり、感情を考えないかぎり真摯な発言かどうかはわからないということだ。第二に、「受動的な感情にとらわれていること」・「感情がこもった行為であること」といった感情が関わる諸現象は、

（15）道徳心理学は「心理学実験などの自然科学の知見から人間の道徳性を解明する学」という意味で使われることもあるが、ここでの用法とは異なる。

（16）ウィリアムズも明言する通り、道徳と倫理の区別はこの時期の著述には出ていない（M xiii）。そのため、解説においては適宜区別を意識しているものの、本章で引用するウィリアムズの文言においてはしばしば「道徳」と「倫理」が可換的な意味で用いられていることには注意が必要である。

道徳的な真摯さにとって重要になる。つまり、倫理においては、感情に流されたり、感情がこもったりしてこそ、真摯な行為やありかたが現れるということだ。

まず、他者の道徳的な発言の真摯さについて、考えよう。[17] 従来の倫理学が、道徳的な判断一般を考えてきた代わりに、ウィリアムズは、真摯な道徳的判断というものを考えてみようと提案する(PS 215)。「差別は悪いことだ」という判断表明や発言は、真摯になされることもあれば、そうでないこともある。根っからの差別主義者が、良い人ぶって「差別は悪い」と言ったりすることもできる。そのとき、この差別主義者の発言は真摯ではない。このように道徳的な真摯さというものを考えてみると、感情の重要性がわかってくる。というのも、発言が本当に真摯になされたものかを考えるには、まずなにより、その人がどう感じているかが重要だからだ。それは、行為を考えてみればわかる(PS 222)。あるひとの「差別は悪い」という発言の真摯さを考えるとき、われわれはそのひとの行為を観察するだろう。そのひとが過去に何をしてきたか、発言をしたあとにどういうことをするか。そして、発言や行為を考えるためには、そのひとの感情構造を考えないといけない。差別への喜びを持つ人なのではないかと整理してみると、それを表現しているようなその人の身振りや過去の行為が色々と浮かび上がってくる。逆に差別への怒りを持つ人として理解してみても、ほとんど何も浮かんでこない。このように、喜びや怒りなど、感情からそのひとを整理することで、行為や身振りがひとまとまりに現れ、「このひと、真摯だぞ／嘘をついているぞ」と気づくことができる。

感情による理解は、他人の真摯さを考えるうえで決定的である。このことは、とりわけ、後悔の感情を考えるとよくわかる（PS 222-3）。あるひとが何か罪を犯してしまい、「反省している」と発言しているとしよう。われわれは、そのひとが後悔していると考えることではじめて、そのひとが行うさまざまな行為を、ひとまとまりの行為として理解することができる。泣いて、じぶんを傷つけて、賠償金を払うために働いて、あるいは酒に溺れて、また泣いて……。一連の行為は、そのひとの後悔という感情を前提にすることによって理解できるのであって、感情の理解抜きに行為をみても、途方に暮れるだけだ。われわれは、「その人がどう感じているか」という理解抜きに、道徳的な真摯さを判定することはできない。

感情の重要性、これは他者の真摯さの評価に関わるだけではない。今までの議論は、「他人の言っていることは真摯かわからないけれど、感情を想定するとわかることがある」ということだった。ウィリアムズによれば、他人の評価という次元を超えて、感情は道徳的な真摯さと関わってい

（17）以下の議論は、ウィリアムズによれば、情緒主義（emotivism）という立場を変形したものだ。情緒主義とはメタ倫理学におけるひとつの立場で、「ある人の道徳的判断とは、その人の感情・態度の表出に過ぎない」ということを主張する（情緒主義については、佐藤 2017 205-221 などを参照）。ウィリアムズは、意味論的な主張（道徳語や文の正しい使用には感情が必要）としても、言語行為論的な主張（発話が道徳的判断とみなされるためには感情が必要）としても、これが成立しないことを論じたうえで（PS 209-214）、言語行為論的なヴァージョンの情緒主義が、真摯さを検討することで限定的に成立することを論じているのである。

る。彼はふたつの事実を指摘する。ひとつ目は、受動的な経験としての感情の重要性だ（PS 227）。つまり、感情というのは、「じぶんではどうしようもないもの＝受動的なもの」として現れるが、これが道徳的な真摯さと結びついている。すでに本章の序論で指摘したように、われわれはときとして、「やるしかない」という確信を持つことがある。そこでやることは、もはやじぶんで能動的に選択・決定したものではなく、むしろ受動的に「やるしかない」と現れてくるものだった。このような確信こそ、真摯なものとして受け取られるのだ。デイヴィソンの体当たりは、計算されて選ばれたものではないところにその真摯さがあり、人びとの胸を打った。あるいは、倒れた老女をみて咄嗟に助けてしまう人は、選んでそのように行為したというよりも、もはやそうするほかなかったと言える。その人は、助けたいという感情に受動的にとらわれたのであり、これは真摯さをあらわしている。このように、受動的な感情の現れは、真摯さと関わっている。

感情と真摯さを結ぶふたつ目の事実とは、われわれが他者に対して感情的な反応を求めるというものである（PS 227）。他者が何かをしてくれるとき、われわれは真摯なものを求める。友情や愛情にせよ、真摯なものが欲しい。このときわれわれが求める真摯さは、感情的なものではないだろうか。真摯にお祝いをする人というのは、「祝いたい」という感情から祝ってくれる人であって、「それが道徳的な義務だから」祝うとか、「それが功利を最大化するから」祝う人ではない。真摯な道徳的行為とは、感情的な行為であるように思われる。いじょうのように、感情の現れの諸相を検討してみると、それは道徳的な真摯さの理解とみっせつに関わっているとわかる。

ウィリアムズはなぜこんなことを指摘する必要があったのか。彼の議論にはふたつのポイントがある。第一に、言語分析に傾きすぎた倫理学の方法を批判することである。言語分析は、道徳言語の一般的特徴を分析するのに優れてはいるものの、より具体的な道徳的現象を無視してしまう傾向があった（PS 208）。人間感情は、言語使用の一般的な条件と関わるわけではない。差別への怒りといった感情を込めていなくても「差別は悪い」といった文を、真摯でないしかたで使うことはできるだろう。しかし、だからといって、感情を倫理の分析から排除してよいことにはならない。むしろ感情を考えないと、倫理という現象はよくわからない。ウィリアムズはそのことを、真摯さという現象をつうじて論じたのだった。

論文のポイントは、第二に、当時の倫理学理論による感情の軽視を批判することである。倫理学理論とは、正しい行為が何であるかを説明する理論のことである。それは、「最大多数の最大幸福をもたらせ」（功利主義）、「義務に従え」（義務論）などと、いかに行為するべきかを説明する。だが、このように正しい行為を語るとき、抜け落ちていることがある。それは感情である。例えば、「どのような感情を持つべきか」という問いが抜け落ちている。つまり、正しい行為を語る倫理学理論は、そこで行為をする当の行為者が、いかに感じるべきかについてほとんど語らずにいるのである。これは奇妙なことだ。感情の持ち方は、倫理にとってきわめて重要であるように思われるからだ（PS 225-6）。例えば、子供に倫理を教えるとき、われわれは感情の制御・正しい感情について語るだろう。怒りすぎてはいけない。他人に共感しましょう。子供は感じ方を学んで育っていく。だとすれば、正しい行為だけを語る倫理学は、重大な欠陥を抱えているのではないか。

言語分析でもなく、倫理学理論でもなく、人間の感じ方の構造から倫理を考える道徳心理学。これがウィリアムズの武器となった。こののちのウィリアムズは、道徳心理学という武器を使って、より大規模な倫理学理論批判を展開していく。それは、倫理学の地図を大きく塗りかえる端緒となった。われわれはこの消息を次章で確認する。

道徳心理学から迫るアモラリスト問題――「利己主義と利他主義」（1973年）

倫理学には、「アモラリスト問題」というものがある。「アモラリスト（amoralist）」とは、道徳をなんら気にかけない人のことだ。否定を表す接頭辞のaがmoralに付いていて（a-moral-ist）、日本語に訳すならば「無-道徳者」となる。あえて道徳を破る「不道徳者」とは違って、「無道徳者」はそもそも道徳を気にかけない。このようなアモラリスト＝無道徳者に対して何を言えるのか――倫理学はこの問いにこだわってきた歴史がある。[18]というのも、倫理学は道徳的な正しさを探究する学だが、アモラリストに対して何も言えないのならば、道徳的に正しいことを気にかける理由は究極のところ存在しないことになってしまうからだ。道徳は重要なのだから、道徳を気にかけないアモラリストを許してはいけない。アモラリストでも道徳的に振る舞うべき理由を示す必要がある。このようにして倫理学は、誰もが道徳に従うべき理由、道徳がすべての人に対して利益となる理由などを示そうと試みてきた。これは「Why be Moral? 問題」とも呼ばれてきた。

ウィリアムズは、アモラリスト問題について、異なるアプローチを提唱する（M xix）。「アモラリストに何が言えるか（what might be said to him）」、「どうしたらアモラリストを説得できるか」ということを直接問う代わりに、「アモラリストはどのようなあり方をしているか（what might be said about him）」を考えてみよう、と彼は提起する。ここには、先ほど指摘した道徳心理学への注目という態度が表れている。アモラリストを議論する際、直接に無道徳者を説得するような論証を考えるのではなく、「人間が道徳的／無道徳的に振る舞うとはどのようなことか」という道徳心理学的な考察を踏まえて考えてみようとするのである。

ウィリアムズの論文「利己主義と利他主義（Egoism and Altruism）」は、道徳心理学による「アモラリスト問題」への応答の試みである。まず、ウィリアムズは、アモラリストに対して道徳の合理性を示すさいの伝統的な方法を批判する（PS 252-8）。伝統的な議論では、じぶんの利益追求だけ考えて他者のことを気にかけない利己主義者というものをアモラリストとして考えたうえで、そのような人は、「合理的ならば道徳を気にかける必要がある」とか、「矛盾に陥っている」と論じてきた。利己主義を本当に徹底するなら、結局道徳を気にかけないといけず、整合的なアモラリストはそもそも存在しないというわけだ。だが、結局のところこうした議論はうまくいかない[19]。アモラリスト

（18）杉本 2021 などを参照。
（19）この議論の詳細はややテクニカルなため割愛する。

の存在を否定することは難しいだろう。むしろ、アモラリストたちが存在するとして、どのようなあり方をしているかを考えてみようとウィリアムズは提案する。まず、倫理的に振る舞うとは、どのように感じ、どのように生きることなのか、考えてみよう。そのうえで、それを本当に否定し切る利己主義者（アモラリスト）のあり方というのを考えてみよう、とウィリアムズは言うのである（PS 251）。この論文では、このように、利他主義と利己主義の道徳心理学的な考察が行われる。

では、道徳的・倫理的に振る舞うというのは、そもそもどういうことなのか。その基礎には、利他主義がある。つまり、一般的に他者の利害を配慮するという傾向性がある（PS 250）。じぶんの行為によって他者にどんな利害が発生するか、こういうことを配慮する傾向性が倫理や道徳の本質にある。では、その利他主義の基礎には、いかなる性質があるのか。アモラリスト問題の哲学史では、トマス・ネーゲルらによって「みずからの行為の理由を普遍化する」という性質が挙げられてきた。「好きなように生きたい」から、他人を配慮しない人がいるとしよう。ここでの行為の理由である「好きなように生きたい」は、他人も同じ状況で使うことができる。だから、「好きなように生きたい」と傍若無人に生きる人は、そのようにみずからの行為の理由を反省できるかぎり――理由（reason）を考慮する、つまり理性（reason）を行使するかぎり[20]――究極のところでは、同じ状況にいる他人が同様に「好きなように生きたい」から傍若無人に生きることを認めないといけないわけだ。この「理由を普遍化する性質」が、道徳＝利他主義をもたらすと考えられ、利己主義者も合理的であるいじょうは、これにコミットしているのだから、結局道徳に組み込まれると議論されてきた。

しかし、これはうまくいかない。合理的な人間は、必ずしも理由を普遍化するわけではない。また、他人の利害を配慮することのリアリティと理由の普遍化にもずれがある。「助けたい」といった直接的な共感による他者への配慮は、倫理的ではあるが、理由の普遍化とは関係がない。いずれにせよ、理由の普遍化というのは、少し形式的すぎ、利他性の実相を捉え損ねているように思われる。

利他性を考えるためには、もっと実質的に人間の心理を考える必要がある。そこでウィリアムズは、人間の欲求の構造に立ち返って考える（PS 260）。人間の欲求というものは基本的に、「私はPという事態を望む（I want that P）」という構造をしている。私は「ファッツェルのチョコレートを食べる」という事態を望む。あるいは、私は「Mさんが幸せになる」という事態を望む。ここで、「私はPという事態を望む」という欲求は、以下のふたつのカテゴリーに分類できる。

①「私は、私が～するのを望む（I want that I …）」というかたちで、Pのなかに「私」がどうしても入ってこざるをえない欲求

② Pのなかに「私」が入らなくてよい欲求

前者を「私－欲求（I-desire）」、後者を「無私－欲求（non-I desire）」と呼ぼう（PS 261）。例えば、「私

（20）これは、哲学の用語では実践理性（practical reason）と呼ばれることもある。

は、スミスが私の銀行口座に金を振り込むのを望む」というのは、「私－欲求」になるだろう。この欲求の内容は、「私は、（スミスが振り込むことで）私が金を得るのを望む」と翻訳できるからである。

この分析でわかるのは、ふたつのことである。第一に、徹底的な利己主義者というのは、「私－欲求」しか持っていないということである。利己主義者の欲求はすべて構造的に「私は、私が～するのを望む」という形になる。私は、私が名声を得ることを望む。私は、私が戦争に勝利することを望む。第二に、利他主義は「無私－欲求」に支えられているということである。例えば、私がMさんを心から気遣っているとしよう。そのとき、「私は、Mさんが幸せになることを望む」のであって（無私－欲求）、「私は、Mさんが幸せになるのを、私が目撃することを望む」の（私－欲求）ではないだろう。「じぶんがいなくなっても、Mさんが幸せになってほしい」と考える私のMさんへの気遣いは、「私－欲求」ではない。このように他者の利害への利他的な配慮は、「無私－欲求」によって基礎づけられている。

とはいえ、「無私－欲求」については、いくつか注意が必要だ。まずそれは、必ずしも利他的ではない（PS 262）。例えば、ある種の美的な欲求というのも「無私－欲求」に分類されうる。「私は、美しい絵が鑑賞されることを望む」という欲求は純粋に無私的でありうる。モーム『月と六ペンス』のストルーヴェは、彼の妻を自殺に追い込んだストリックランドの絵を破壊しようとする。しかし、その芸術的な価値に心を奪われ、「ストリックランドの絵が多くの人に見られてほしい」と

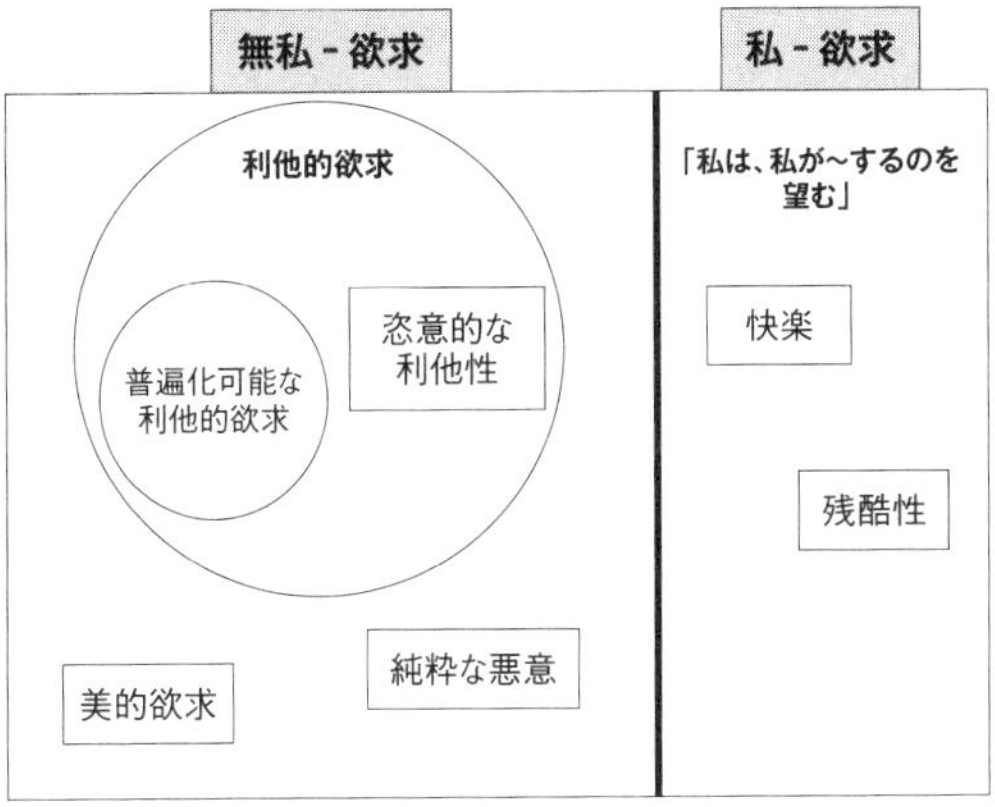

図1

欲してしまう。このときのストルーヴェの欲求は、無私的であるとはいえ、利他的な欲求ではない。また、いくつかの「無私－欲求」は、仮に利他的だとしても、強い意味で「道徳的」なもの、つまり普遍化可能なものではないかもしれない（PS 264）。私がMさんを気遣うにしても、私はそれが普遍化できるとは考えていないかもしれない。あるいは、私はMさんへの気遣いを恣意的なものだと考えているかもしれない。根拠は特にないが、とにかく気遣う。そのような「無私－欲求」（利他的欲求）というのもおおいにある。以上のように、「無私－欲求」は人間の心理に広く行き渡っており、さまざまなレイヤーがありつつも、人間の利他性の基礎にある（図1）[21]。

「私－欲求」と「無私－欲求」、これを基礎に考えると、利己主義や利他主義がより繊細にみえてくる。利己主義的欲求とは、「私－欲求」のことだ。しかし、人間の心には広く「無私－欲求」がそなわっており、そのひとつの種類として、利他的な欲求がさまざまな形態・強度で存在している。ここで注目すべきは、利他的な「無私－欲求」を持つ人は誰でも、利己的な欲求を経由せずに、利他的な行為へと導かれる可能性があるということだ（PS 265）。「Mさんが幸せになってほしい」という欲求を持つとき、他の条件が等しいならば（other things being equal）、私はMさんを幸せにしようと行為するだろう。この行為は、Mさんに言及する欲求に依存しているのであって、必ずしも「私が、Mさんの幸せな姿を見たい」といった利己的な欲求に由来しているわけではない。

欲求の構造から考えると、倫理的な人と非倫理的な人とのあいだに共通点がありうることが見えてくる。両者とも、利他的な欲求を持ちうるからだ。両者の違いといえば、倫理的な人の欲求の対象が広く、ある程度規則的なもの（e.g. 困っている人）なのに対して、非倫理的な人の欲求の対象はきわめて恣意的でランダムなことである。ふつうに倫理的な人は、ある程度規則的な利他的欲求を持ち、困っている人を見かければそれなりに助けたいと思うだろう。しかし、じぶんの周りの人や家族だけを助けたいとは思うが、他人には欲求の対象が向かわない人というのがいれば、そのひとはまだ倫理的・道徳的ではない。

このように考えると、利己主義と利他主義は段階的なものであることがわかり、アモラルからモラルへと至る理路がみえてくる。いっぽうの極には、全く利他的欲求を持たない完璧な利己主義者があり、そこから、ランダムな利他的欲求を持つ人、ある程度一般化された利他的欲求を持つ利他主義者、そして、かなり一般化された利他的欲求を持つ慈善的な利他主義者まで、グラデーションをもって現れてくる。最初の極の完璧な利己主義者は、ひととしてかなり異様な存在だ。そのひとは、欲求のすべてが「私－欲求」であるような特異な存在であるか、あるいは、「無私－欲求」が他人の幸福にだけは決して向かない存在である。そのひとに対して、われわれはもはや語る言葉を持たないかもしれない。しかし、ほんのわずかでも利他的欲求を持つ人は、利他主義へと開かれているように思われる。われわれは、そのひとの持つ利他的欲求を、もっと広い対象へと届くように拡張させてやればよいからである。それは例えば、当人と会話して他人への関心を持たせるとか、規則的に利他的な他者の振る舞いから学ばせたりすることによって可能だろう。この拡張が成功するかどうかはあくまでも経験的な問題であり、論理必然的な成功は約束されていない。「合理的であれば必然的に利他的欲求を拡張させる」といったことは成り立たない。しかし、利他的欲求を持つかぎり、つねに拡張の可能性は開かれている。

　このようにウィリアムズは、人間の欲求の構造を検討することで、アモラリスト問題に応答しようとした。というよりも、アモラリスト問題がいかなる問題であるのか、その理解を開こうとしたと言うほうが正確だろう。アモラリストとは、欲求の構造がはじめからどうしようもなく特異な存在でないとすれば、まだモラルになりうる存在である。前者のようなアモラリストはもはやエイリアンのような存在であって、われわれはそれとは距離をとるか、あるいは格闘するほかないのかも

（21）「純粋な悪意（sheer malice）」というのも「無私－欲求」に入る。じぶんがそれを見たいとも思っていないが、とにかく人が害されてほしいという欲求である（PS 263）。

しれない。いずれにせよそれは、異なる欲求構造をもつひとにとって、魅力的なオプションとなる生き方ではない。そして、後者のようなアモラリストであれば、つねに倫理的になりうるのである。このように、理由の普遍化などの特別な装置を使って議論するよりも、欲求の構造から議論する方が、非倫理的な人と倫理的な人を同じスケールで語ることができ、アモラリストが道徳へと至るハードルはけっきょくのところ低くなる。これは、むろん、アモラリストを決定的に説得するような論拠を提示したことにはならないけれども、アモラリストとの対話の具体的な方途を開くものである。欲求の構造を分析する哲学が示すのは、哲学的論証よりも具体的な対話が必要だという事実なのである。

アモラリスト問題への回答はさておき、ここでみられるような、道徳性を特別視せず、非－道徳性と連続的なスケールで説明する道徳心理学の方法は、この後もウィリアムズの基本線になる。これは、論文中でウィリアムズも明言するように、倫理の発生を人間の欲求・感情の構造から説明しようとした18世紀の哲学者デイヴィッド・ヒュームの姿勢に倣ったものである。ウィリアムズの道徳心理学は、ひとまず、ヒュームの方法の継承であったと言える。このようなウィリアムズのヒューム主義は、のちに、「理由の哲学」を勃興させることになる。このしだいについては第三章で確認しよう。

もがき・後悔・悲劇――「倫理的な一貫性」（１９６５年）

ここまで、道徳心理学の方法による、ウィリアムズの道徳哲学の展開をみてきた。言語分析でも、道徳的説教でもない、道徳心理学。人間の感情や欲求の構造を検討し、道徳性や非道徳性を連続的なスケールで考察する。この道徳心理学抜きに倫理学理論を打ちたてて、「正しい行為とは何か」を論じることは、倫理のリアリティを歪めてしまうのではないか。ウィリアムズはそう考えていた。

道徳心理学を無視すること、とりわけ、道徳における感情の役割を無視することは、現代道徳哲学の多くの議論を歪め、非現実的なものにしてきた。（中略）この傾向は明らかに間違っている。少なくとも私にとって、さまざまな状況でひとがどんな感情を抱くかという問いは、おおいに議論されるべきものである。この問いは、例えば、そのひとが称賛すべき人物かどうかという問題とも関わるのである（PS 166）。

道徳心理学は倫理についての重要な問いの多くと関わるいじょう、それを軽視することはできないはずである。しかし、道徳心理学の軽視が倫理学を歪めてきたとはどういうことなのか。何が歪められたのか。ウィリアムズのひとつの答えは、「われわれのリアルな経験が歪められてきた」というものである。われわれにとって倫理がいかに現れるか、いかに経験されるのか――この現実が歪められてきた、と彼は考えている。倫理というものが、一人称的にはいかに現れるのか。この現実を考えないといけない。本章の最後で、倫理的経験の一人称的な現れから考えるウィリアムズの道徳心理学の展開を見届けておこう。

論文「倫理的な一貫性（Ethical Consistency）」において、ウィリアムズが注目するのは、道徳的な「衝突（conflict）」の経験である。つまり、倫理的な「べし」のあいだでの衝突の経験である。われわれはときに、ふたつの判断・行為のあいだで揺れることがある。例えば、友達との約束の場所に向かう途中で、足を挫いた老人を見かけたとしよう。いっぽうで私は、約束を守るべきである。だが、たほうで、私は老人を助けるべきである。このように、道徳的な「べし」の衝突というのが起こることがある。倫理学においてこれは、「義務の衝突の問題」とも呼ばれてきた（PS 170-171）。

「義務の衝突の問題」に対する伝統的な解決は、「複数の義務が衝突するように見えても、実は、ひとつの真の義務があるに過ぎない」という論理である。例えば、先の事例では、約束の義務はキャンセルしてもよいもので、本当は老人を助けるというのが真の義務である。どんなに衝突があるように見えても、真の「べし」はひとつしかない、というのである。実際、W・D・ロスという哲学者は、「一見自明な義務（prima facie duty）」という装置を使うことで、このような解決を理論化した（Ross 1930: 19-20）。「約束を守らねばならない」などの義務は、一般的には守られるべき――つまり「一見自明な」――義務ではあるが、個別の状況でつねに守られるべき「本来の義務（duty proper）」とは限らない。「一見自明な義務」が衝突していても、どれが「本来の義務」かを見極めるのが大事であり、それを定める一般的なルールは存在しない、というのがロスの議論である。

いずれにせよ、伝統的な倫理学によれば、道徳的な「べし」のあいだに真の衝突は存在しない。このような解決は、道徳的には重要なことだった。というのも、「べし」が本当に衝突していると、人びとも倫理学も、どうしてよいか困ってしまうからである。ひとは正しい行為を求めている。倫理学は、正しい行為を教えてくれる。それなのに、「べし」が衝突していると、どっちをすればよいかわからない。だから倫理学は、義務の衝突状況でも、真の義務を見つけることに熱心に取り組んできたのだ。

ここには、また、「べしはできるを含んでいる（*ought implies can*）」という原理も絡んでくる。これは、倫理学でよく出される原理である。ある人にとって道徳的に「Ａすべき」だということが本当なら、そのひとにとって「Ａできる」ということも本当でないといけない。道徳的には、できることのみが命じられるべきであって、できないことを「すべき」だとはならない。しかし、道徳的な「べし」が同時にふたつ出てくると、「べしはできるを含んでいる」原理が危ぶまれてしまう。本当にふたつともすべきだとすれば、「両立不可能なふたつのことを両立すべき」という不可能なことを要求されてしまうのだ。これを避けるには、真の「べし」はひとつしかないということにしないといけない。このようにして、倫理学は、「べし」の衝突を解消する方向に進んできた。

道徳的な衝突についてあらためて考えてみよう。そのためにウィリアムズは、信念の衝突と欲求の衝突を考察して、それらと道徳的な衝突とを比較するアプローチをとる。まず信念の衝突を考える。これは事実に関する信念[22]の衝突のことだ。私は、「菅直人が２０１１年に首相だった」という信念を持ちながら、「菅直人が自民党の議員である」という信念を持っているとする。これだけではただの記憶違いでずっと気づかないこともありうるが、私が「２０１１年の自民党は野党だった」という信念を持つならば、三つの信念は一貫性がなくなってしまい、衝突が起きてしまう（PS 166-7）。このように、事実に関する信念について一貫性がなくなり、衝突が起きるということがある。さて、欲求の衝突というのも、よくあるだろう。喉が渇いたので冷蔵庫までコーラを取りに行きたいけれど、同時に、ソファから立ち上がるのもいやだ。座っていたいけど、飲みたい。あるいは、「欲しいけれど、欲しくない」という衝突もある。例えば、ＰＳ５というゲーム機が欲しいと同時に、ゲームの存在に煩わされずに読書する生活を送りたいと欲しているとする。ここでは、つまるところ、「ＰＳ５が欲しい」、「ＰＳ５を持ちたくない」というふたつの欲求が衝突している。

では、信念の衝突と欲求の衝突の違いをみてみよう。第一に、衝突の解消への傾向性が異なる。信念が衝突しているとき、衝突しているという事実だけでわれわれはどちらかの信念を弱めようとするのに対して、欲求の衝突についてはそうではない（PS 169）。信念の衝突は事実に関する衝突なのだから、衝突しているどちらかが間違っているということになる。菅直人の所属政党を勘違いしていた人が菅直人について調べようとするように、われわれは本当の信念を見つけようとするだろう。しかし、欲求については、ただ衝突しているというだけで、どちらかを弱めようとはなるわけではない。どちらも欲求しつづけることはできる。例えば私は、ＰＳ５は持ちたいし、持ちたくないままだ。第二に、衝突が解消されたあとのあり方が異なる（PS 170）。信念の衝突の場合は、捨てられた信念は真実ではないのだから、もはやそのままのかたちでは現れないのに対して、欲求の場合は満たされなかった方の欲求が残りつづけるということが往々にしてある。とりわけ、後悔というかたちで満たされなかった欲求が残ることがある。食欲を満たすために、『蜂の寓話』の古本を買うはずのお金で牛丼を食べた。しかし、もはやあの『蜂の寓話』は売れてしまってどこにもない。私は、あのとき食欲ではなく、『蜂の寓話』への欲求の方を満たせばよかった後悔する。信念については、同様の後悔は考えがたい。「(自民党でない)菅直人が自民党だと信じるのをやめなければよかった」というのは変だろう。(23)

では、道徳的な衝突を考えてみよう。ふたつの「べし」のあいだで揺れているとする。ウィリアムズが指摘するのは、道徳的な衝突は信念の衝突というより欲求の衝突の方に似ているということである(PS 172)。第一に、衝突それ自体によってどちらかを弱めようとするわけではないということが指摘できる。すでにみたように、信念が衝突していると、どちらかを弱めようとする。どちらかが真なる事実に反しているからだ。しかし、道徳的な衝突の場合は、そのようにはならない。衝突が起きていることで、すぐにどちらかを弱めようとはしない。むしろ、欲求の衝突と同様に、ど

(22) 哲学では「信念(belief)」を「考え」・「思い」くらいの意味で使う。
(23) このような後悔がありえるとすれば、「菅直人が自民党だと信じたい」という欲求がある場合であり、それは欲求の衝突の問題になる。

ちらを弱めることもできない「もがき（struggle）」が起こりうる。ふたつの「べし」が現れるとき、私はどうすればよいか考え、もがくだろう。さらに言えば、道徳的な衝突は、答えを見つけ、間違いをただすようなものではないだろう。われわれは、ひとつの行為を選択はするかもしれないが、ひとつの正解を求めているのではない。取られなかった「べし」は、間違っていたもの、捨て去られるべきだったものではない。老人を助けるためとはいえ、約束を破るのはよくないという事実は変わらない。約束を守るべきだったという事実は、不正解のようなものではない。

道徳的な衝突について、第二に、後悔の可能性が残っているということが指摘できる。ウィリアムズが指摘するところ、道徳的な衝突では、やはり後悔の可能性が捨てがたく残っている。どんなに最善の選択肢を選んだとしても、「やってはいけないことをしてしまった」と感じることがありうる。これは、ウィリアムズが悲劇的なケース（tragic cases）と呼ぶようなケースにおいて明らかである（PS 173）。悲劇的なケースとは、どう行動しても苦しい結果がもたらされるような苦境である。ウィリアムズが引用するのは、エウリピデスの『アウリスのイピゲネイア』でのアガメムノンの事例である。アガメムノンは、神の怒りをうけ、自軍を危険に晒してしまう。神の怒りを鎮めるには娘を生贄に捧げるほかないという。娘の命を優先すれば、怒った部下に家族もろとも殺されるかもしれない。結局彼は娘を生贄に捧げることになる。ここで彼が「娘を生贄にするのが最善の選択だ」と考えたとして、「やってはいけないことをしてしまった」という後悔の感覚は残るだろう。娘を生贄にした彼の後悔は、「間違えずに、もっと善い行為をしておけばよかった」というものではない。悲劇的なケースでは、何をしても後悔するのだ。神のいない現実世界でも、人びとを強制する権力があるかぎり、このような悲劇は溢れている。子供をふたりとも殺されてしまうか、死すべき子をひとり選ぶか。このような選択を強いられるとき、「最善の選択」をしたとしても、「やってはいけないことをしてしまった」という後悔は残りつづける。このように、道徳的な衝突は、解消される前にもがきをもたらし、解消されたとしても深い後悔をもたらしうる。

　もがきと後悔を重視することは、しかし、伝統的な倫理学の思考と対立してしまう（PS 175）。というのも、従来の倫理学は、衝突において真の「べし」はひとつしかないと想定してきたからである。例えば、功利主義やカント主義は、特定のひとつの答えを導出しようとする。功利主義であれば最大の功利をもたらす行為が正しい、カント主義ならより普遍的な行為が正しい、などと。あるいは、「べしはできるを含んでいる」の原理も、同様に、ひとつの「べし」を要求する。つまり、このような倫理学の傾向性は、道徳的な衝突を信念の衝突と似たものとして捉えてしまっており、もがきや後悔の重要性を捉え損ねている。倫理学理論は、ひとつの正しい答えとしての「べし」を求めてしまっているが、これは道徳的な衝突の現実——何をしても正しいことをしたとは感じられないかもしれないような現実——を歪めてしまっているのである。

　この歪みは、さまざまな次元で、倫理学理論を非現実的なものにする。例えば、われわれの考える「倫理的に望ましい人」の概念を歪めてしまう。われわれは、道徳的な衝突に直面する人を考えるとき、もがき苦しみ、後悔する人間こそを望ましいと考えるだろう（PS 175）。ただひとつの「べし」をすぐに倫理学理論から導出して、そこで選ばれなかった「べし」の重みを感じない人には、なんらかの疑いを持ってしまう。しかし、倫理学理論の枠組みで思考するかぎり、このことは理解しづらい。理論的に正しい行為をしたのに、「すべきではなかった」と後悔しているというのは、倫理学理論の内部では、究極的には不合理なことだからである。このように、われわれの倫理的経験にとってのもがきや後悔の重要性を考えると、倫理学理論の歪みがみえてくる。倫理学理論は、こうしたもがきや後悔の倫理的価値をうまく理解できないのである。

もがきや後悔などの一人称的な経験・感情に着目する。これは、われわれが確認してきたウィリアムズの方法としての道徳心理学のひとつの達成である。ここでのウィリアムズの道徳心理学は、いわゆる徳倫理学（virtue ethics）の展開とも呼応している。徳倫理学は、行為者の性格のあり方に注目する。倫理学は、正しい行為ばかり考えるより、具体的な場面で行為者がどのように感じ、振る舞うのが望ましいのかということも考えるべきではないか。教科書的には「行為中心（action-centred）の倫理学理論から、行為者中心（agent-centred）の徳倫理学へ」と呼ばれる展開のひとつである。ウィリアムズの歩みは、しかし、行為中心の倫理学理論を疑い、徳倫理学を準備することに止まらなかった。彼はのちに、運が関わる後悔や責任の検討をつうじて、近代の道徳的思考そのものを批判するようになる。われわれはいずれ第三章で、その道徳批判を確認することになるだろう。

結論

本章では、ウィリアムズの倫理学のライトモティーフを概観するとともに、彼の生涯を確認し、彼の初期の哲学の展開をみさだめてきた。まず、ウィリアムズ倫理学は、行為者の確信にもとづく「やるしかない」という必然性に貫かれている、ということを確認した。ウィリアムズは、必然性に着目することで、従来の倫理学理論の枠組み（マニュアル・選択の枠組み）を批判したのだった。われわれは、次に、ウィリアムズの生涯と著述活動を確認したうえで、彼の初期の哲学の展開をみさだめてきた。とりわけ、その人格論と初期の道徳心理学の展開を確認したのだった。まず、人格の同一性に関するウィリアムズの議論は、従来の記憶説を批判するものだった。人格が身体から離れて宿ることができるとわれわれは容易に想像してしまうが、この想像を疑うべき理由をウィリアムズは提示しようとした。彼の議論は、パーフィットの応答を準備し、戦線はやがて倫理学へと向かっていくのだった。次に、ウィリアムズの初期の倫理学については、従来の言語分析とは異なる、道徳心理学の方法がとられたことを確認した。道徳哲学は、われわれがいかに感じ、振る舞うかという、リアルな経験から出発すべきだ。その問題意識のもとでウィリアムズは、人間感情や欲求から倫理的現象を理解しようとした。道徳的な真摯さ、無私的な欲求、もがきと後悔といった一人称的な経験の構造に着目することで、彼は、道徳言語の使用条件、アモラリスト問題、義務の衝突といった伝統的な倫理学の問題を、それまでとは異なるパースペクティヴで捉えた。またそれによって、彼は、従来の倫理学の問題を浮き彫りにしたのである。

第二章

倫理は理論化できるのか

倫理学理論批判

序論　つらぬかれた抵抗

1940年のベルリンに、平凡な夫婦がいた。ふたりは、しかし、妻エリーゼの弟の戦死をきっかけに、危険な運動へと身を投じていく。ナチスへの抵抗を呼びかける葉書を公共の場にひそかに置きつづけたのだった。むろんゲシュタポの厳しい捜査の対象となり、やがては見つかり、逮捕される。280を超える数の葉書を置いていたハンペル夫妻は、ギロチン刑に処された。ナチスの悪を信じる人であっても、「このような行為をす**べ**きだ」とまでは考えないだろう。葉書を置いたところで、抵抗運動を組織できるわけでもない。じじつ、葉書を拾った市民たちは、臆面もなくそれをゲシュタポへと届けた。政治的な効果が小さいわりに、危険すぎる。こんなことを続けていても、意味がない。「皆がふたりのように活動すべきだ」とは誰も考えない。それでも、このふたりの活動には、倫理的に称賛すべきなにかがある。権力や脅迫に屈せず、利害計算を度外視してまで、みずからの反戦・反ナチスの信条をつらぬく。他のひとがどうするか知らないが、じぶんたちはナチスに抵抗するしかない。ふたりのその態度に、なにがしかの倫理が現れている。(1)

このような態度について、英語圏では、「インテグリティ（integrity）」がある、と言う。インテグリティとは、辞書的に言えば「内的な統一が保たれた状態（the state of being whole and undivided）」のことである。つまり、ひとりの人間として一貫性や統一があること、（脅迫や強制に負けずに）そのひとらしさが発揮されていることなどがイメージされ、こうした態度はそのひとの誠実さをあらわすとされる。ハンペル夫妻は、他の人びとがナチスに恐怖し服従するなかにあって、それに屈することなく、みずからの信条と行動をつらぬいた。他のひとはどうあれ、状況はどうあれ、じぶんたちだけは抵抗をつらぬく。やるしかない。ハンペル夫妻は、やった。ほかをかえりみず抵抗をつらぬいたふたりの態度にこそ、インテグリティが現れている。

ウィリアムズは、このインテグリティの概念に注目しつつ、功利主義を批判したことで知られている。本章では、この「インテグリティによる異議（integrity objection）」を中心に、ウィリアムズの倫理学理論批判をみていく。第一章では、1950年代から1970年代初頭にかけてウィリアムズが、道徳心理学の方法に着目して、言語分析中心のアプローチとは異なるしかたで倫理学を進めていたことを確認した。行為者の行為の現場に立って、行為者がいかに状況を知覚して、何を感じるかを分析すること――これが重要である。ウィリアムズは、人間の欲求や感情の構造、一人称的な経験の現れに着目して、伝統的な倫理学の問題に着手していたのだった。このような方法は、や

（1）なお、ふたりの抵抗はハンス・ファラダの小説（『ベルリンに一人死す』）の題材となり、映画化もされている（邦題『ヒトラーへの285枚の葉書』）。

がて、既存の倫理学理論への批判の主要な武器になっていく。というのも、功利主義やカント主義といった、行為の正しさの基準を示す倫理学理論は、道徳言語の分析に依拠することがあっても、行為者の感情の構造や経験の現れを軽視してきたとウィリアムズは考えるからである。つまり、既存の倫理学理論には適切な道徳心理学がそなわっておらず、それゆえに問題を抱えてしまっている。1970年代から1980年代にかけて、ウィリアムズはそのような倫理学理論批判を展開した。それは、むろん、大きな論争を引き起こすことになった。本章の主題は、このような論争を起こすに至る、ウィリアムズの倫理学理論批判である。

本章では、かかるウィリアムズの議論を年代順に追っていく。まず、『道徳――倫理学へのひとつの入門（*Morality: An Introduction to Ethics*）』（1972年）でのウィリアムズの功利主義批判をみる（第一節）。次に、「功利主義批判（A Critique of Utilitarianism）」（1973年）において示された「インテグリティによる異議」を検討する（第二節）。最後に、論文「人格たち、ひととなり、道徳（Persons, Character, and Morality）」（1976年）におけるカント主義批判と「ひとつ余計な思考による異議（one thought too many objection）」を確認し、その後の論争をみさだめておく（第三節）。

1　功利主義は実践可能なのか――初期の功利主義批判

功利主義の四つの魅力と思われるもの

倫理学の入門書の依頼に応じた一冊目の単著『道徳――倫理学へのひとつの入門』は、第一章で紹介したように、道徳心理学に着目しつつ、アモラリスト問題や相対主義といった伝統的な倫理学の問題を独自のしかたでさばくものだった。この本の最終章でウィリアムズは、当時から倫理学を席巻していた功利主義（utilitarianism）を検討する。功利主義とは、正しさを功利（善）の最大化によって説明する倫理学理論であり、一般には「最大多数の最大幸福」の原理を提示する理論として知られている。例えば、バレそうにない嘘をついて多くの人が救える場合、功利主義的に考えれば、嘘をつくのが正しい行為である。全体の幸福の最大化から道徳を捉えなおす功利主義は、18世紀に体系化されていらい、つねに革新的な倫理学理論でありつづけてきた。のちのインタビューにおいてウィリアムズは、「（本書の執筆を経て）じぶんは功利主義を憎んでいると気づいた」と語っている(Jeffries 2002)。いぜんは熱心な功利主義者だったこともあるウィリアムズは、本書を境に功利主義の批判者へと転向する。本書は、ウィリアムズがのちにそう回想するように、彼が功利主義[2]に見出す問題をコンパクトに要約するものである（M xi-xii）。本書の議論を確認しておこう。

ウィリアムズは、まず、功利主義の魅力を析出する。哲学コミュニティをこえた知名度を持つ

（2）ウィリアムズが批判する功利主義は、古典的な、快楽・幸福の最大化を正しさの基準とする快楽主義的（hedonistic）・幸福主義的（eudemonistic）な功利主義のことである。

ピーター・シンガー[3]の名を挙げるまでもなく、功利主義は多くの支持者を持つ倫理学理論である。その魅力はどこにあるのか。ウィリアムズは四つの、それぞれに関わりあう要素を挙げる（M 83-5)。第一に、功利主義は、人間的な生活の外にある要素を要求しない[4]。すなわち、功利主義は現実世界に生きる者の幸福・関心だけを考慮するので、神といった世界の外の存在にうったえない。これによって功利主義は、宗教道徳にあった保守的な戒律を世俗的関心から改革できる理論になっている。18、19世紀英国の保守的な風土にありながら、古典功利主義者のベンサムが同性愛禁止法を批判し、ミルが女性参政権を擁護したことは、功利主義のラディカルな先進性を示す事実としてよく知られたものであり、いまだ強調に値するだろう。第二に、功利主義は、人間の目指すべき善についてきわめてニュートラルであり、それゆえ普遍性が高い倫理学理論となっている。各種の道徳は、神の意志・父権への服従・「和を以て貴しと為す」など、それぞれに異なる善を要求するのに対して、功利主義が要求するのはあくまでも最大の幸福のみである。宗教や地域が変われば訴求力をもたないローカルな善とは異なり、幸福や最大の幸福は、どんなひともみな目指す善のように思われる。誰だって幸福になりたいし、幸福は大きければそれだけ善いもののように思われる。第三に、功利主義は、道徳の問題に対して経験科学的な計算による答えを与えることができる。例えば、「刑罰はいかなる方法によってどれほどなすのが正しいのか」といった問題は、功利主義の枠組みでは「どのような刑罰が幸福を最大化するか」といった定量的な問題へと変換され、統計学や各種の社会科学にもとづいて経験的に答えを出すことができるようになる。ここでは、「何が正しいのか」

という問いがもってきた錯綜が取りのぞかれるとともに、道徳の論争が、哲学論争から計算問題へと移り変わる。第四に、功利主義は道徳的思考における共通通貨を与えることができる。すなわち、すべての道徳を功利・幸福によって一元的に理解することができるようになる。これによって、伝統的な道徳的問題や道徳的ジレンマ（e.g. 人工妊娠中絶は道徳的に正しいか）について、明確な回答を出すことができるようになる。[5]

このように功利主義の魅力（現実主義・最小内容・経験科学・共通通貨）を抽出したうえでウィリアムズは、その魅力が実のところまやかしであることを――より正確に言えば、その魅力を感じる者はむしろ功利主義が実践されるのを否定すべき事態へと追い込まれることを――指摘する。功利主義の魅力は、それが倫理の原理として人びとによって実践されてしまうと、消えてしまう。本章では、ひとまずこれを功利主義の自己抹消性と呼んでおこう。

（3）功利主義者の哲学者。利他主義の効用の最大化を求める、効果的な利他主義（Effective Altruism）の運動、生命倫理や動物倫理の業績などで知られる。

（4）この性質をウィリアムズは、「非‐超越的（non-transcendental）」と書いている（M 83）。また、ここで「人間的な生活」と言われているが、動物を含む快苦の感覚をもつ存在者を包括的に捉える功利主義の立場も存在する。

（5）そのような回答を出す功利主義者としてよく知られるのは、やはりピーター・シンガーであろう（例えば、シンガー 1999 がその成果としてよく知られる）。

自己の抹消へと向かう功利主義――幸福概念・理論の実践

功利主義の自己抹消性は、第一に、その幸福（happiness）・功利（utility）概念の混乱の問題に現れる（M 86-8）。功利主義の魅力はひとまず、善についての中立性にあった。「誰もが幸福な生を望んでおり、それが大きければ大きいほど善い」。これは、道徳原理として自然な前提のように思われる。だが、この前提が、功利主義理論のうちでひそかに、「誰しも通約可能な幸福」として定義されると問題が出てくる。じぶんが求める幸福な生を考えてみよう。そこには、快楽や欲求充足など、誰しもが求めていて量的に比較可能な要素も含まれるが、しかしまた、じぶんらしくあること、正義をつらぬくこと、他人に支配されないこと、だれかを愛すること、自己実現することといった、量的な計算や他者との通約への抵抗を持つ要素も含まれる（M 87）。だとすれば、皆が本当のところ求める幸福と、功利主義が最大化しようとする「幸福」のあいだでは、本質的なズレがあることになる。

ひとの幸福には、計量や比較への抵抗を持つ価値が含まれること――このポイントを理解するためには、正義やじぶんらしさを考えてみるとよいかもしれない。正義は、たとえその実現によって達成される福利が低いとしても、価値を有する。正義の実現による福利を計測できたとしても、その数値を根拠に正義の是非を議論するのには限界がある。また、じぶんらしさは、どんな苦痛が伴うものだとしても、価値を持つ。むしろ、日常的な選好・福利からはなれて、苦痛、リスク、不確定性がともなうものに献身するときに、じぶんらしさが宿ることがある（M 78-9）。エミリー・デイヴィソンの体当たり、ハンペル夫妻の抵抗、あるいは、沈黙する神への献身のために十字架にかけられた隠れキリシタンたち。これらの価値はどれも、比較や計量が可能な快楽・苦痛とは別の次元にある。いずれにせよ、量的な福利・選好のような物差しですべての生き方を測るのには限界がある。そのような物差しのみによって「幸福」とされる生活は、われわれ皆が望むものではない。

功利主義の自己抹消性は、第二に、その理論を実践しようとする場面に現れる。すなわち、「功利主義を意思決定の指針とする行為者が増えることが、功利主義的に望ましくない」という事態が起きてしまうのだ。すでに指摘したように、功利主義的な扱いへの抵抗を持つ価値というのが存在する。正義や自由、じぶんらしさといった価値は、比較衡量可能な幸福・福利によっては扱いづらい。だとすれば、もっぱら功利主義的な計算によって熟慮して行動する行為者が増えるとき、こうした価値が取りこぼされてしまうことになってしまう。よく引き合いに出される例を挙げておこう。怒れる群衆が、ある事件の容疑者の死刑を求めている。しかし、容疑者はどうみても無実だ。このとき、裁判官はどうするべきか。無実の容疑者を死刑に処すべきか、あるいは、正義をつらぬき暴動を呼びおこすか。この場面でどのような答えを出すにせよ、このような状況ですぐに功利計算を始め、躊躇いなく容疑者を殺すような裁判官は、道徳的に問題があるように思われる。そして、そのような態度を是認することは社会的な動揺をうむだろう。つまり、功利主義的態度そのものが、功利主義的に望ましくないのである。ウィリアムズはまた、功利主義に含まれる予防攻撃的な側面にも注意する（M 96）。功利主義においては、悪をなしてでも最悪を防ぐという予防的な手段が正当化される。「ならず者たちによる犯罪を事前に防ぐ」、こうした予防手段がエスカレートすれば、ディストピア的な管理社会にたどり着きかねない。これは、結局のところ、功利主義的にも望ましくない事態だろう。このように、功利主義的原理からして、功利計算をつねにするべきでない理由があることになる。むしろ、功利計算をせず、功利主義原理以外の価値（e.g. 自由・平等）をそれ自体大切にする人びとが多くいるほうが、功利主義的にも望ましい事態だという、ある種の逆説が生じるのである（M 97）。

功利主義を直接実践することに現れる問題――これを解決するものとして、功利主義がひとつ導入するのが、規則功利主義（rule-utilitarianism）である。これは、毎回の行為の指針として功利主義を採用する行為功利主義（act-utilitarianism）と異なり、功利主義原理を一般的規則にのみ当てはめる立場である。すなわち、われわれは功利を最大化する規則を採用すべきであり、毎度功利計算するのではなくてその規則に従えばよい、というわけである。これによって、人びとは功利を最大化する道徳規則に従うべきということになり、冷血な裁判官や監視社会は要求されなくなる。

しかし、ウィリアムズによれば、「規則功利主義は失敗するように思われる（seems to me a failure）」（M 95）。まず、功利主義者として一貫するならば、功利計算からして明らかにとるべき選択肢を取らない理由が不明である（M 93-4）。すなわち、功利主義原理を規則だけに適用して、規則を破らない理由が不明である。功利計算をして答えが出ているいじょう、功利主義的には、正義の規則を破ってでも無実のひとを処刑すべきであるし、功利主義者はそう考えるに違いない。功利主義の精神を持ちながら、それをあくまでも規則にのみ適用し、ふだんは功利主義原理を忘れておくという描像には、どこか矛盾があるように思われる。

この問題を回避するために規則功利主義は、功利主義原理を奉じつつ、そもそも功利計算をしないように、あるいは功利計算を忘れるように、人びとやじぶんじしんを誘導するほかない。しかし、この解決は、「個人のレベルでも社会のレベルでも、のぞみがない（both personally and socially hopeless）」（M 97）。個人のレベルで言えば、功利計算を最重要の指針としつつ、それをつねに忘れて純粋に道徳を大切にできるというのは、あまりに素朴すぎる人間心理の理解である。社会のレベルで言えば、功利計算をする政治家が、功利計算による社会運営を知らない人びとをひそかに誘導するというのは、受け入れがたい秘密政治である。二重の意識と秘密政治――どちらも、ジョージ・オーウェルが『一九八四年』で描いたディストピアと似ている。オーウェルは、政治的意思決定プロセスが完全に隠蔽された全体主義国家と、そこでの党員が強制される心理構造を描いた。透明性が完全に絶たれた世界で生きるには、信じつつ信じない、愛しつつ愛さないという、「二重思考（double think）」が必要になる。規則功利主義の描像は、これに似た生を要請する。

このようにして、功利主義には、ある種の自己抹消性が宿っていることになる。それは、功利主義を実践することが功利主義の理論によって否定されるという事態へと収斂する。功利主義理論へのウィリアムズの疑念は、この自己抹消性の認識からはじまったといってよいだろう。

2　功利主義と行為者性――インテグリティによる異議

ふたつの事例――功利主義の見方を問う

ウィリアムズの功利主義批判は、J・J・C・スマートとの共著『功利主義論争（*Utilitarianism: For and Against*）』（1973年）において本格化する。この本は、スマートによる功利主義擁護の前半と、ウィリアムズによる批判の後半に分かれている。この批判部分において、ウィリアムズは、功利主義に対する有名な異議を提示した。倫理学理論としての功利主義に対する「インテグリティによる異議」である。[6] 本節では、この議論のあらましとそのポイントをみておこう。

この本におけるウィリアムズのねらいは、「功利主義のもとで生きていくことにともなうもの」を再考させることである（UFA 78）。すなわち、功利主義を受け入れて倫理を考えるとき、どのようなことが起きるのか、批判的に検討するというわけである。功利主義に特有の「人間の行為と道徳に対する見方」は、受け入れがたい――そのことを彼は明らかにしようとする。これは、「功利主義に賛成するか否か」という問いの立て方とは異なる。後者の問題設定がたんに功利主義の出す答えを議論するのにとどまるのに対して、ウィリアムズの問いは、功利主義の出す答えを云々するよりも、功利主義的に倫理の問題を考えることそのものが正当かということを考える。

功利主義の見方を問題にするにあたって、ウィリアムズはまず、一般的な功利主義を定式化する。[7] 功利主義の中心にあるのは、帰結主義（consequentialism）の考えである（UFA 79）。すなわち、「ある行為の正しさを判定するさいに、その行為の帰結（consequence）から判断する」という考えのことである。例えば、約束を破る行為が悪いのは、約束を破ると他人を悲しませたり、信用されなくなったり、何らかの悪い帰結をともなうからだということになる。だから、ある約束を破ると良い帰結が起きる場合は、破ってもよいことになる。ウィリアムズによれば、帰結主義には、事態（state of affairs）にのみ自体的価値（intrinsic value）をみとめるという一般的構造がある（UFA 83）。つまり、それ自体として価値を持つのは、ある種の事態が成立することである。ある種の行為そのものや規則そのものに価値が宿るというわけではなくて、それらの行為や規則が望ましい事態を実現することに価値がある、というわけである。そして、帰結主義が価値をみとめる事態とは、つうじょう、幸福である（UFA 79）。かくして、典型的な功利主義においては、幸福が最大化されている事態が最も価値をもつことになり、行為者は、みずからが実行可能な選択肢のうち、幸福が最大化さ

（6）この本において主要な論敵として定式化されるのは、直接功利主義（direct utilitarianism）」と呼ばれるヴァージョンの功利主義であり、功利主義原理を直接意思決定の基準とする立場である。とはいえ、前節で論じた規則功利主義をより広くとらえた「間接功利主義（indirect utilitarianism）」を批判する議論も展開されている。これは間接功利主義の描像を、植民地の総督府に喩えることから「総督府功利主義（government house utilitarianism）の批判」とも呼ばれる。この議論については、前節の秘密政治批判の内容とも重なるところが大きいため、ここでは省略する。

（7）以下の定式化よりも細かいテクニカルな分類も可能かもしれないが、本章はそのような分類論を扱わない。問題は功利主義の分類よりも、その眼目を問うことであり、そのためには一般的な特徴の定式化で十分だと思われる（UFA 81）。

れた事態を実現するように求められる（UFA 87-8）。

ここまでの定式化のかぎりにおいて功利主義は、倫理学におけるひとつの立場として理解可能なように思われる。それでは、ウィリアムズが問題視する「功利主義の見方」とは何なのか。それは、先取りすれば、功利主義が要求する、人間の欲求・行為についてのあまりにも表面的なモデルのことである（UFA 82）。功利主義は、人間が行為するありさまを、うすっぺらく捉えすぎている。なぜそのように言えるのか、それを理解するために、ウィリアムズは次のふたつの事例を考えるように読者を誘う（UFA 97-9）(8)。

化学者ジョージ

ジョージは、博士号を取得したものの、健康上の理由で就職に失敗し続けているポスドク化学者である。彼の家族は厳しい経済状況にあり、妻は働きながら子育てをする生活にストレスを感じている。ジョージの窮状をみかねた指導教官は、彼にとあるラボでの研究員の職を紹介する。しかし、その研究は極右政権に協力して化学兵器開発を行うものであり、軍事研究反対運動に深くコミットしてきたジョージはショックを受ける。「そんな仕事は受けられない」と言うジョージに、指導教官は、「研究員の候補として、ネオナチ思想と戦争賛美で知られる化学者が挙がっている」と告げる。つまり、ジョージが職を断る場合、危険な化学者がそのポジションに就き、研究倫理を無視して兵器開発を推進してしまうのである。

植物学者ジム

ジムは外国での植物調査中に現地の極右民兵組織に捕まった。彼の隣には、二十人の住民が手錠で繋がれている。極右組織による白色テロのなか、住民たちは無差別に拉致されており、反政府運動に対する見せしめのために処刑されることになっている。ジムはただの旅行者であることがわかったために特別待遇を受け、指揮官は「外国からの客人としての名誉」を与えると言う。彼は、ジムに住民ひとりを処刑する機会を与え、特別な「名誉」のしるしに、他の住民は解放すると言う。ジムが断れば、通常通りの処刑がなされてしまう。

ふたつの事例はどちらも、以下のような構造になっている。すなわち、行為者にとって倫理的に受け入れがたい行為が行われることで望ましい帰結がもたらされるいっぽうで、それをしない場合には望ましくない帰結がもたらされてしまう（UFA 108）。最悪の事態を防ぐためには、兵器開発や殺人といった、当人にとっておぞましい行為をするほかない、という状況である。

このふたつの事例において、功利主義の答えは明らかだろう、とウィリアムズは言う（UFA 99）。

（8）以下の事例の記述はウィリアムズの文章に従っているが、よりヴィヴィッドに伝わるように、用語を少し変え、いくつかの状況設定を具体化した。

「可能なかぎり最善の事態を実現せよ」、つまり、ジョージは仕事を受け、ジムは一人を殺すべきである。ジムのケースでは一人を殺す場合の帰結の望ましさが明白であるし、ジョージのケースでも、いずれにせよ軍事研究がなされるのであれば、参加して給与をもらいつつ、適切にサボタージュするのが最善の事態をもたらすだろう。

ウィリアムズは、しかし、このふたつの事例を考えるさいに現れる功利主義の見方には問題があると考える。問題は、功利主義の歯切れのよさにも関わるし、これらの事例を考えるさいに必要となる考慮をきちんと扱えているかという点にも関わる（UFA 99）。ただ、ここでウィリアムズが考える功利主義の問題というのが、たんなる答えの当たりはずれの次元にとどまっていないことは銘記しておくべきだろう。すでに注意しておいたように、ウィリアムズの問いは功利主義の見方を受け入れられるかということにあり、功利主義の答えが正しいか否かは彼の問いからはずれている。じっさい、答えの当たりはずれの次元にとどまるならば、ジムがひとりを殺すという選択は、ウィリアムズを含む多くのひとにとって正しい選択のように思われる（UFA 99）。ここでは、功利主義が問題を検討するさいの視点のいびつさが問われている。

インテグリティの中心問題——功利主義の行為者性のまずしさ

では、功利主義の見方・視点のいびつさは、具体的にどこにあるのか。ウィリアムズによれば、それは、「個人のプロジェクトと行為の関係をうまく記述していないところ」にある（UFA 100）。ここでいう「プロジェクト」とは、ひとの人生を駆り立てる目標・欲求・動機・価値のようなものを指している。あるひとのプロジェクトは、そのひとの行為を生み出す。功利主義においては、行為とそれを生み出すプロジェクトの関係がいびつになってしまう、とウィリアムズは考えている。

ジョージとジムに即して、具体的にみてみよう。ジョージもジムも、なにかしらのプロジェクトのもとで行為する個人のはずである。ジョージであれば、「研究をつづける」、「家族をケアする」、「軍事研究に反対する」といったプロジェクトを持っており、それらのプロジェクトにもとづいて行為している。しかし、功利主義的に思考するかぎり、倫理的に最も重要なプロジェクトは「関係者の功利・幸福を最大化せよ」というものへと一元化される（UFA 114）。ジョージもジムも、このプロジェクトにもとづいて行為すべきだと功利主義は考える。この功利主義のプロジェクトにもとづいて行為するとき、ジョージとジムは、邪悪な他者（ネオナチ研究者・指揮官）のプロジェクトを防ぐ責任を負うことになる（UFA 115）。「邪悪な人間が引き起こす最悪の事態を防ぐ責任がある」という思考が、功利主義には含まれている。[9] いずれにせよ、功利主義のプロジェクトに従うかぎり、邪悪な他者も含めた関係者のプロジェクトを調整し、最善の事態を実現しなければならない。

だが、このように調整者として振る舞うとき、ジョージやジムのプロジェクトが彼ら自身にとっ

(9) ウィリアムズによれば、功利主義には、それが起きるのを防げなかった事態について、みずからが積極的に起こす事態と同等の責任を負うという「消極的責任（negative responsibility）」の考えが含まれている（UFA 95）。

て持つ特別な重要性が、度外視されているのではないだろうか（UFA 115-6）。ジョージもジムも個人として、なにかしら重要なプロジェクトやコミットメントを持っているはずである。そのうちのどれかは、彼らの人生を規定するほどに重要かもしれない。たとえばジョージにとって軍事研究への怒りは、それほどに重要かもしれない。また、冒頭で紹介したハンペル夫妻にとって、反戦・反ナチスの確信は、すべてのリスクや他者の状況を無視させて彼らを抵抗へと導かせるほどに重要だった。いずれにせよ、われわれはそれぞれ重要なプロジェクトを持っており、そこから生や行為が規定されることがある。そのようにひとの生と行為をみるモードと、功利の調整者としてひとをみるモードのあいだには、ギャップがあるように思われる。

じぶんじしんのプロジェクトと決定からは退いて、功利計算が要求するとおりに行為を決定させること――それは、ひとを、じしんの行為とそれをもたらす確信から、本当の意味で疎外[10]してしまう。そのひとは、たんなる回路のようになってしまうのである。すなわち、（じしんのものを含む）全員のプロジェクトを入力して、最善の決定を出力させるような回路のような存在になってしまう。このような思考においては、じぶんそのものとみなすようなプロジェクトや態度から、そのひとの行為、そのひとの決定がうみだされる、と考えるべきありようを捉えることができないのだ。かくして功利主義の視点は、まさに文字通りの意味において、インテグリティを侵害するものである（UFA 116-7: 強調原文）。

「全体の功利の調整者として行為する」とき、ジョージやジムは、邪悪な他者を含む多くのひとに合わせて、行為を決定する。ひるがえって「じぶんにとって重要なことから行為する」とき、ジョージやジムは、何が正しくて何が間違っているか、何がじぶんにできて何ができないか、みずからの確信によって行為を決定する。ふたつのモードには埋めがたいギャップがあり、調整者的な行為者観は、後者のモードに現れるような「インテグリティ」を疎外してしまう、とウィリアムズはここで語っている。

インテグリティとは、冒頭で記しておいたように、ひとりの人間としての統一が示されることである。われわれはインテグリティに価値をみとめており、それは倫理的な問題を考えるさいのひとつの考慮となる。ウィリアムズによれば、「これらの考慮は、それ自体では、ジョージとジムの事例のような実践的なジレンマを解決するものではないが、それらについて（功利主義とは）別のしかたで考えることを可能にするように思う」（UFA 117）。ひとがみずからの確信から行為するモードを、それゆえインテグリティを示すようなかたちで行為するモードを考えるとき、われわれはすでに功利主義とは別のしかたで考えている、というわけである。

（10）疎外（alienation）とは、本来一緒だったものが切り離されてしまうことを指す哲学用語である。ここでは、ひとから、本来そのひとの生を導くところのプロジェクトが疎外されている。

ひとがみずからの確信から行為するモードを考えることは重要であり、あらゆる行為者を調整者的に想定する功利主義の見方はあまりにもまずしいものだろう。じじつ、ジョージの事例において、彼が「軍事研究に参加することなどできない」と考えて職を固辞することは、インテグリティを示す望ましいことと考えることもできる（UFA 99, 117）。軍事研究に対するジョージの理解と確信を踏まえれば、「じぶんはどうしてもそんなことはできない」として兵器開発を拒否する彼の決断は、じゅうぶんに正当化されているように思われるからである。このように、倫理の問題を考えるとき、「当事者となる行為者がいかなる確信・価値を持っているか」という、「行為者が誰であるのか」の考慮は重要である。この考慮は、「ひとは他のひとの行為ではなくて、まさにじぶんの行為について特別な責任を持つ」という考えとも関わっている（UFA 99）。つまり、「他のひとや状況はどうあれ、じぶんはしない」ということはときに重要であり、それを考慮するには行為者のプロジェクトを検討する必要がある。状況を俯瞰して調整する功利主義の描像とは異なり、ひとは、じぶんはどうするのか、と考えることができるし、ひとがそのように考えるという事実は、どうしようもなく倫理と関わるのである。

このことの重要性——ひとが、じぶんはどうするのかと考えることとの重要性——は、ひとの別個性という事実と関わる。ひとはそれぞれにおいて異なるプロジェクトや価値を持っているのであり、倫理はその事実を受け止めなければならない。ジョージがいかなるプロジェクトを持っているか、ジョージにとってどのように状況が現れるのか——こうした別個性を受け止めつつ、われわれは倫理を考える必要がある。だから、あらゆる個人をたんなる調整者としてみなす功利主義の視点は、倫理の問題を考えるさいのわれわれの思考の複雑さを取りこぼしてしまっている（UFA 118）。

　むろん、ウィリアムズは、インテグリティの思考に現れるような行為者のプロフィールを重視するモードをつねに優先するべきだと主張しているのではない。ここは、ひじょうに誤解が多い論点であるために何度も強調しておこう[11]。そのようなモードで考えるときにジョージの拒否が正当化される可能性があるにせよ、ジムのケースで、殺人を拒否することが同様に正当化されると考えるのは難しいだろう。ウィリアムズが主張しているのは、「インテグリティによる答えが、つねに功利主義の答えよりも優先される」などという教条主義的な暴論や素朴な個人主義などではなく、「功利主義の視点は、行為者の見方を単純化しすぎており、それによってわれわれの倫理の複雑性を取りこぼしている」という指摘である。

　また、「ウィリアムズの指摘は、功利主義が扱う道徳的な価値に対して、個人的な価値（インテグリティの価値）を対置しているに過ぎない」という批判（Brink 1986: 432-3; 安藤 2007: 180）も、ウィリアムズの議論のポイントを外していることは、すでに明らかだろう。というのも、ウィリアムズのポイントは、「功利主義の視点が、倫理的な正しさにまつわる複雑さを取りこぼしている」というものであったからである。倫理的な正しさを考えるとき、「当事者にとって状況がどう現れるのか」、

（11）じじつ、ウィリアムズはのちにこの議論を回想したさい、このことを強調している（WME 212-3）。

「当事者がどのようなひとであるか」といった考慮は決定的に必要であり、それが答えのレベルでの違いをもたらすことのひとつの例として、ジョージが職を辞することのインテグリティの価値があるのである。だからここの議論は、倫理的な価値にまつわるものであって、たんに個人的な価値や、ましてや美的な価値といったものを対置する議論ではない。

倫理の問題を考えるには、すべての行為者を調整者的に捉えてそこから正しい行為を計算するのではなく、まずは、当事者となる行為者にとって状況がどう現れるか検討しなければならない。そこには、行為者の価値・プロジェクトを検討するだけでなく、より多くの作業が含まれるだろう。行為者がみずから手をくだすことと行為者のしたことによって誰かが殺されることの区別――つまり、行為者にとってみずからの行為はどのように現れるか――、行為者にとって被害者はどれほど現実的な存在として現れているか（たんに仮想的な存在として現れているか）、そして、行為者にとって状況がいかに切迫したもの（immediate）であるか。倫理の問題を真剣に捉えるためには、これら種々の問いを検討する必要がある（UFA 117-8）。これらは、当事者性・行為者性（当事者・行為者であることとはいかなることかの理解）についての問いである。行為者性にまつわるこの複雑性を無視したうえで、あらゆる行為者を調整者的に想定して倫理を議論する功利主義の視点は、あまりにも単純すぎる。倫理を単純化してはならない――それこそが「インテグリティによる異議」が提起する問題である。(12)

3 「私が私であること」の重み——倫理学理論批判へ

目的の国に個人はいるか——カント主義批判

１９７３年までのウィリアムズの批判は、功利主義へと向けられたものだった。ウィリアムズは、功利主義の特徴を、その単純思考（simple-mindedness）にあるとしたうえで、この単純思考は、あるがままの世界と噛み合うには、道具立てが「少なすぎる（too few）」と指摘している（UFA 149）。功利主義は、その単純さを誇ってきた理論ではあるけれども、現実世界の倫理の複雑さに立ち向かうには、やはり道具立てが少なすぎる。ここまでの議論で、幸福概念、理論の実践、そして行為者に対する見方において、功利主義の道具立てでは倫理の複雑さを捉えきれず、問題が生じることを確認してきた。通約・計量可能な幸福、実践のさいにそれを忘れる必要のある理論、すべての行為者

（12）このように本書では、インテグリティの議論の問題を、行為者性（agency）についてのものと解釈したうえで、功利主義の調整者的行為者理解が、インテグリティの価値を取りこぼすと議論した。しかし、ウィリアムズの議論の解釈はこれ以外にもいくつか存在している。大きく分けて、ウィリアムズの議論は、①価値を問題にしている、②行為者性を問題にしている、③責任を問題にしているという三つの解釈がある（Scherkoske 2013b）。本書は、行為者性を問題にしているという解釈②をとったうえで、その行為者性に現れる価値を問題にしていると理解している。解説書という性質上、解釈論を展開することは難しいが、これはウィリアムズ解釈的に正しいだけでなく、最も擁護しやすいものであると筆者は考えている。これについては、同様の解釈を擁護した別稿（渡辺 2021）も参照のこと。

を調整者とみなす行為者性の見方――これらでは、倫理の問題に立ち向かうにはあまりにもまずしい。倫理の問題に立ち向かう体系的な思考を「倫理学理論」と呼ぶとすれば、功利主義は倫理学理論としてうまくいかないように思われる。

しかし、倫理の問題に取り組む理論など、そもそも可能なのだろうか。功利主義への批判以降、ウィリアムズの疑いは倫理学理論そのものへと向かっていく。それを示すのが功利主義批判の3年後に出版された論文「人格たち、ひととなり、道徳（Persons, character, and morality）」[13]（1976年）である。本章では最後に、この議論を検討し、その後の論争をみさだめておこう。

この論文で批判の俎上に載せられるのは、ひとまず、カント主義的な倫理学理論である。カント主義は、行為の帰結を重視する帰結主義や功利主義との対比において、義務を重視するために義務論（deontology）と呼ばれることもある。行為の帰結を考える功利主義に対して、義務論は、その行為の帰結はともかく、その行為が義務に適ったものかどうかを考慮する。ここでの義務は、道徳法則（moral law）とも言い換えられ、「あなたの意志の格率が、つねに同時に普遍的な法則として妥当しうるように行為せよ」というカントの定言命法[14]が重要な原理となる。これはひらたく言えば、「じぶんの行為を皆がしたらどうだろう（普遍化可能かどうか）」という考慮であり、普遍的法則になりうる――つまり普遍化可能である――行為が、さしあたり義務に適ったものとみなされる。たとえば私が嘘をつくことで利益が得られるにせよ、みんなが嘘をついてしまったら大変なことになる。よって、嘘をつくのは義務に反しており、道徳的に許されない、というわけである。

このような義務論の立場には、さまざまなモチベーションがあり、そのひとつは「どんなに帰結が良くても道徳的に許されないことがある」という直観である。例えば、カント主義者としてウィリアムズも挙げるトマス・ネーゲルは、戦争における攻撃対象・手段の制限を論じつつ、功利主義を義務論的な絶対主義と比較している(15)。いったん功利主義的に考えてしまうと、功利に応じて非戦闘員の殺害や禁止兵器の利用が許容されてしまうようになる(16)。このようなエスカレーションを止めるものとして、義務論・絶対主義があるというわけである。

カント主義・義務論は、さまざまな場面において、功利主義への対抗理論としても注目されてきた。ひとつには、先ほどのネーゲルのように、ある種なんでもありの功利主義に対して絶対主義的な制限を加えることができるという点が挙げられる。すでに指摘した、街の平和のために無実の容疑者を処刑する事例など、功利主義によって反道徳的と思われる選択が正当化されることがあるの

---

(13) 既存の翻訳では「人物、性格、道徳性」と訳されている。しかし、まず「persons」は「人格の同一性」についての議論に関連しているため、「人格たち」と訳すのが適当であると思われる。また、「character」は、日本語の「性格」で示されるような心理的な性向だけでなく、個人が大切にするプロジェクト・アイデンティティ・人生の意味のようなものを含んでいるため、そのニュアンスをなるべく表現するために「ひととなり」と訳した。

(14) 例えばカントの『道徳形而上学の基礎づけ』で定式化されている。

(15) ネーゲル「戦争と大量虐殺」(ネーゲル 1989)。

(16) ウィリアムズも同様の指摘をしている (UFA 91-2)。

に対して、義務論はそのような選択に制限をかけることができる。次に、功利主義の行為者観が個人の重要性を軽視するのに対して、カント主義は個人の選択を重視しているとも考えられる（ML 3-4）。先の節で論じたように、功利主義は、あらゆる行為者をいっしょくたにして、その集合から最善の帰結を導き出すために、「当の行為者がどのようなプロジェクトを持っているか」、「そのひとがまさにじぶんのプロジェクトにもとづいて行為する」というモードをうまく考えていないのだった。これは、集合的な功利ばかり計算して、個人の別個性（separateness）を軽視しているということである。これに対してカント主義は、個人を軽視しない、と論じられてきた。功利はどうであれ、個人は個人として義務に従って行為できる。カント主義的に義務を検討する個人は、まさにみずからの行為に特別な責任をもって行為することができるというわけである。「個人の選択が許されず、統治機械による決定だけが存在する全体主義国家」が功利主義のイメージだとすれば、カント主義とは、「理性的な法のもとで市民たちが共存する共和国」のイメージである。カントはこれを、互いを目的と見倣しあう自由な個人たちの紐帯と考え、「目的の国（Reich der Zwecke）」と呼んだ。

しかし、ウィリアムズは、これを疑う。

カント主義の理論がもたらす個人（individual）の概念が、われわれがのぞむものに足りているかどうか——これは、リアルな問いである。この問いは、カント主義者じしんがのぞむものについてですら成り立つし、ましてや、功利主義を否定しつつもカント主義よりも道徳的経験における個性（individual character）と個人的関係の重要性をみとめようとする者については、言うまでもないことだろう（ML 5）。

カント的な目的の国に、個人が存在するかどうか、じゅうぶんな個性を持った人びとが存在するかどうか、これはリアルな問いである。

それでは、カント主義の何が問題となるのか。問題は、道徳的観点の「不偏性（impartiality）」の強調である（ML 2）。不偏性とは、偏っていないこと、中立的・公平的なことであり、つうじょう、個人的（personal）なものと対比される。たとえば、私とミルバ（筆者のパートナー）の関係が個人的なものであるのに対して、法的な人格としての「夫」と「妻」としては、不偏的なものだと言えるかもしれない。私とミルバの関係は個別具体的なもので、私たちの個人的歴史や互いの感情に依存するものであるのに対して、法的な夫婦関係は、他の夫婦のどれとも変わらないものだからである。カント主義において、道徳的観点は、このような意味で不偏的なものである。道徳的な観点を取るとは、普段の個人的な利害や関係から一歩引いて、誰しもが同じように取るべき観点に身を置くことである、とカント主義は考える[17]。たとえば、誰しもに普遍的に妥当する義務を考えるとき、カント主義者はこのような不偏的観点からみずからのなすべき行為を考えているというわけである。不偏的観点としての道徳的観点——これをウィリアムズは疑う。カント主義的な不偏的観点は、われわれがのぞむ「個人」の概念をじゅうぶんに確保できない、と彼は考えるのである。個人的なひととなりを捨象された道徳的な個人は、結局のところ、われわれが倫理的にのぞむようなリアルな個人ではなくなってしまう。ウィリアムズの結論を先取りすれば、そういうことになろう。目的の国に住む個人たちは、グロテスクなのっぺらぼうたちに過ぎないのである。

パーフィットとの対決――「私が私であること」の重み

不偏的観点の問題を示すために、ウィリアムズはまず、人格（person）の同一性（アイデンティティ）の重要性を論じる。すなわち、「私が私であること」の重みを、カント主義の不偏性は取りこぼしてしまう。この議論のなかでウィリアムズの論敵として検討されるのが、人格の同一性に関するデレク・パーフィットの「複合説（Complex View）」という立場であってそれまで論じられていたカント主義ではないために、話がやや分かりにくくなっているものの、ここで導入されるパーフィットの議論はカント主義的な不偏性の一種と理解しておけばよいだろう。ここでは、パーフィットの人格論をとおして、カント主義とその不偏性が問題化されていく。

第一章で紹介したように、パーフィットは、人格の同一性を「心理的状態がどれほどつながっているか」という程度の問題として捉え返していた。人格の同一性について、「ゼロか１００か（all or nothing）」で考える「単純説（Simple View）」をやめて、程度の問題として考える複合説へと思考を転換することは、道徳の問題にも関わってくる（ML 6）。常識的な単純説に従って考えれば、Ａさん（人格A）とBさん（人格B）は異なる人格を持つ別個の存在であって、ふたつを一緒くたにとらえてしまうのは間違っているとされる。たとえば、社会全体の財の最大化ばかりを考えて、別個の人格のあいだの平等（配分的正義）を考えないというのは間違っているとされる。しかし、パーフィット的な複合説をとると道徳の見方が変わってくる。われわれは、将来の利益のために今の利益を我慢するということがある。あるいは、子供の将来のために、嫌がる子供に勉強をさせる。これは、現在と将来で確固たる人格の同一性を前提するからだが、複合説をとるかぎり、これは疑わしい。現在の子供からすれば将来は心理的な連結の薄い存在になるかもしれない。それなのにわれわれは、将来の別人のために現在を犠牲にしてよいとしている。それが許されるならば、社会全体の利益のために成員をある程度犠牲にすることも許されるのではないか。このように、確固たる人格の存在が消去されることで、「異なる人格であること」、「私とあなたが別個であること」といった事実の重みが薄くなってくる。複合説は、「私が私であること」（人格の同一性）の重みを消すことで、やがて「私とあなたが別個であること」の重みも消してしまう——そうウィリアムズは考えた。

複合説は「私が私であること」の重みを消すことで成り立っており、そして、この重みを消すことは、先に現れたカント主義的な不偏性（誰もが同じ視点）とも方向が同じである。その重みを本当に

（17）不偏性の強調は、カント主義に限らない。前節までで検討した功利主義も、カント主義とは別のしかたではあるものの、同様に不偏的観点を強調する。

消してしまえるのか、検討せねばならない。
かくしてウィリアムズの議論は、「私が私であること」の重みをめぐるものとなる。論敵となるパーフィットの立場は以下のようなものだ――「私が私であること」は、「ふたつがどれほど心理的につながっているか」という程度問題に過ぎないのだから、ふたつのあいだで心理的なつながりが失われてしまえば、私は私でなくなる。ウィリアムズによれば、このパーフィットの見方は、倫理的に重大な事実を見逃すことになる。「私が私であること」というアイデンティティは、われわれの生をめぐる倫理を考えるさいに、やはり重要になるのだ（第一章で予告したように、戦線はすでに人格論の形而上学を離れ、倫理学へと移っている）。
「私が私であること」（アイデンティティ）の重要性は、ふたつの問題圏によって明らかにされる。[18]
第一に、現在と将来の関係性である。つまり、現在の私と将来の私はどのような関係にあるのか、という問題である。パーフィットの思考に従うかぎり、ふたつの存在は同一ではないかもしれない。社会主義の理想に燃える青年と、かつての社会主義の理想を忘れ、保守的な言説に染まりきった中年男性。心理的に言って、ふたつはもはや違う存在のように思われる。青年時に「将来は財産を放棄して農民に分配する」という契約（コミットメント）をしたとしても、冷笑的な保守となった中年男性は「そんなものは若気の至りだ」と拒否するかもしれない。若者が、じぶんが保守的になる将来にそなえて、「契約を撤回しようとしたら、その申し出を拒否してくれ」と妻に頼んでいたとしよう。この場合に妻は、若者のコミットメントか、中年の悔恨か、どちらを選ぶべきなのか。[19] ふたりは異なる存在になったのか。

ウィリアムズは、このような現在と将来の関係の問題のニュアンスを捉えるには、私のアイデンティティの理解が決定的に重要であると考える。すなわち、この青年が「私は今、社会主義の理想の正しさを知っているが、将来の私は保守的になるかもしれない」と理解してこそ――「じぶんが何者であり、何者になってしまうのか」というアイデンティティを理解してこそ――問題が生じているのである。青年が、みずからについての、かかるアイデンティティの理解を持っていない場合、問題はそもそも生じない。将来のじぶんを縛るのか、それとも、将来のために今のじぶんを縛るのか、という問題は、「私が何者であり、何者になるのか」というアイデンティティの理解に依存している。例えば、青年の悲観的なアイデンティティ理解は、彼をしてみずからを縛らせたのに対して、もし彼が「今の私は若気の至りではないか」という感覚を持っていれば、今のじぶんのほうをむしろ抑制しようとするかもしれない。また、中年になった彼が「かつての私は社会主義に燃えていたのだった」とみずからのアイデンティティを思い返して、契約の撤回を思いとどまることもありうる。いずれにせよ、「私が何者であるか」、「私が何者であったのか」、「私が何者になるのか」

（18）ここで扱うふたつの問題圏は、どちらも将来への関心（concern）に由来するものである。将来への関心は、程度を許容する倫理的な領域（スカラ的である領域）であり、人格の同一性を程度問題に還元するパーフィットの思考にとっても重要なものになる。
（19）この事例は、パーフィットによって扱われるものである（パーフィット 1998: 449-450）。

という、私のアイデンティティについての理解が、私の生の決定・コミットメントをめぐる問題圏を構成している。このような問題圏は、他者への介入のそれとは全く異なっている。じぶんの生をつくることはアイデンティティに決定的に依存するが、他者への介入ではそうではない。このように、アイデンティティの理解が私の生にどこまでも浸透しているいじょう、私のアイデンティティの持つ重みを完全に取り払うこと——つまり、じぶんの生を考えるさいに他者への介入と全く同様に考えること——はできないはずである。

アイデンティティの持つ重みが明らかになる、問題圏は、第二に、「生きる理由」や「死の悪さ」である。なぜ、われわれは生きつづけるべきなのか、なぜ死は悪いと考えられるのか——これらの問いを考えるとき、やはり私のアイデンティティが重要になる。パーフィット的に思考するかぎり、「生きるべきか死ぬべきか（To be or not to be）」というハムレットの問いは、「将来においてこの心理的状態を維持するかどうか」という問いに変換されてしまう。パーフィットによれば、自己とは心理的状態に過ぎないからである。しかし、ハムレットの問いは、今の状態を将来において維持するかどうかに尽くされるのではない。むしろそれは、じぶんの将来を存在させるかどうかの問いである。[20] ハムレットの問いに対して「死ぬべきである」と答えるとき、私は、将来が存在する可能性そのものを閉じてしまっているからである。このように「生きるべきか死ぬべきか」を問うているとき、今の私の存在可能性と、将来の私の存在可能性は、同一の問題になっている。つまり、今の私と将来の私は同一の存在になっている。この問いにおいて、「私が私であること」というアイデンティティは、（パーフィットに反して）現在から出発して将来にまで及ばざるをえない。

かくして、「どのように生きるべきか」、あるいはそもそも「生きつづけるべきか」を考えるとき、「私が私であること」（アイデンティティ）の重みは、どこまでも消しきれずつきまとう。私が私を眺める視点は、時間をまたがったものであるし（私が何者であったか、何者であるか、何者になるのか）、そもそも私が生存する条件を構成している。アイデンティティが持つこれらの重みは、私が私を眺める視点と、私が他者を眺める視点（他者が私を眺める視点）とのあいだの断絶をつくりだしている。私が私に対して持つ関係は、私が他者に対して持つ関係とは異なっているのであり、パーフィットのように「私が私であること」の意味を薄くすることで、その区別をつぶそうとすることは完遂できないのである。

カント主義理論の歪み――アイデンティティ、生存の条件、愛

このことは、パーフィット批判とは別の方向から、カント主義的な不偏性の問題も露わにする（ML 12-4）。パーフィットの問題は、「今の私」と「将来の私」の関係についてのものだった。これ

（20）墓掘りとの対話が示唆するように、ハムレットの問題はいつも、生死に関わっていた。かくして、彼の問いを「このままでいいのか、いけないのか」という、たんなる態度決定（状態決定）の問題として翻訳することは誤りであるように思われる。なお、ハムレットの問いの問題は、ウィリアムズが取り上げるものではなく、彼の議論に沿って筆者が提起するものである。

に対してカント主義の問題は、「私のプロジェクト」と「（誰しもが持つべき）道徳的なプロジェクト」の関係についてのものである。カント主義において、ひとは不偏的観点に立って、誰しもがなすべき義務を遂行すべきだということになっている。このことはしかし、「私が私であること」の重みを捉えきれていない。ひとの生存の条件を思考するとき、「私が私であること」すなわち「私が、私の生を駆り立てるプロジェクトのもとで生きること」が重要であるはずだ。しかし、カント主義は、これを否定する。カント主義において「私が、私の生を駆り立てるプロジェクトで生きること」という理解は存在せず、存在するのは「私が、普遍的義務に従って生きること」だけである。じっさい、私の生を駆り立てるプロジェクトと普遍的義務が衝突するとき、カント主義は普遍的義務を優先させるだろう。そうだとすればカント主義は、倫理学理論でありながら、ひとの生存の条件という、倫理的に最も基礎的なファクターを考慮しない理論になっているのである。倫理の理論でありながら、ひとの生存の条件を考慮しないなど、可能なのだろうか。

　ひとの生存の条件を考慮しない、不偏的な倫理学理論。ウィリアムズは、その歪みを示すためにひとつの思考を提示する（ML 16-8）。それは、以下のような事例によっている。[21]

誰を助けるか

ある男性の前でふたりの人物が溺れている。ふたりのうち、ひとりは彼の妻である。ふたりのうちどちらを助けるべきか。

この男性が誰を助けるべきか。この問いを考えるさいに、カント主義の見方は困難に陥る。不偏的観点から思考するかぎり、男性の個人的関係を考慮するのは難しいように思われる。そこで、カント主義者は、「状況がすでにランダムなのだから、妻を選んでもよい」とか「このような状況ではみずからの妻を選んでよい」とか、形式的な特徴から不偏性を担保しようとする。

しかし、これらの思考がすべて歪んでいることは明白である。この男性がカント主義者で、「このような状況では妻を助けることが道徳法則によって許容されているから君を助けた」と言って妻を助けたら、どうだろうか。これは明らかに、ひとつ余計な思考（one thought too many）を含んだ思考である。このような普遍化・不偏的観点による考慮は、たんに余分ということを超えて、異様なものである。われわれは、そのようなひとがいればどこか間違っていると考えるし、妻は動揺するだろう。むしろ、ここでわれわれがのぞむ倫理的な反応とは、「君だから助けた」というものである。これは、この男性とこの妻との、ふたりの個人的な関係に依存する反応であり、その関係は、不偏的なものが決して捉えきれないアイデンティティ（e.g. 私の生にとって何が重要か、私にとって彼女はどのような意味を持つか）に由来している。

（21）論文ではもう少し抽象的な事例が扱われているが、「溺れるふたりのうちの一人がパートナー」という設定がよく論じられるため、それを示す。

議論をまとめよう。カント主義の不偏性は、「私が私であること」の重みをうまく捉えられない。そのことは、ひとの生存の条件や、個人的な関係にもとづいた行為の動機の理解に現れている。ひとことで言えば、「個人のプロジェクトが、そのひとを（生存や行為へと）駆り立てる」という倫理の基礎にある力学を、カント主義的な不偏性はうまく理解できないのである。ウィリアムズは語る。

深い愛着といったものは、それが存在しているいじょうは、不偏的なものの見方に背くという危険を持ったものである。とはいえ、それが存在しなければ、ひとの生には内実や確信が欠けてしまい、ひとを生へと向き合わせる力は消えてしまう。なにかが意味を持つためにはそもそも生が内実を持っていなければならないいじょう、生の内実は、不偏的なシステムの遵守ということが意味を持つためにも、必要である。しかし、生が内実を持つならば、それはどうしても、不偏的システムのようなものに最高度の重要性を与えることはできない。そして、不偏的システムによる生の規律は、とどのつまり、不安定なものになる（ML 18）。

人間の生の基礎には、個人のプロジェクトがある。このようなプロジェクトは、義務の遵守といったカント主義のモチベーションも含む、あらゆる倫理を支えているのである。そうであるとすれば、しかし、倫理をすべて不偏性から理解することはできないのである。ここには、反道徳の倫理学の、凝縮された思考が現れている。

理論批判のその後——反省／実践論争

最後に、ウィリアムズの議論の余波をすこしだけみておこう。ここまでみてきたウィリアムズの功利主義批判とカント主義批判は、主に道徳心理学をめぐっていた。功利主義も、カント主義も、個人のプロジェクトがそのひとを行為へと導く描像をうまく理解できない。そのことは、それら既存の倫理学理論が、インテグリティやアイデンティティと関わる行為をうまく理解できないことに典型的に現れている。ここにおいて、ウィリアムズの批判の対象は、個別の理論ではなく、むしろ倫理学理論そのものへと向かうように思われる。じじつ、カント主義がインテグリティのモードをうまく理解できるかは疑わしい。そして、功利主義も「ひとつ余計な思考」を要請してしまうように思われる。というのも、功利主義は、「各人がみずからの妻を助けるのは功利を最大化する」という正当化を提示することでしか、ひとが個人的な確信、アイデンティティ、愛から行為することを理解できないだろうからである。このように、不偏的な観点や行為者性から正しい行為を理論的に導こうとする倫理学理論は、適切な道徳心理学をそなえていないように思われるのである。

かくして、ウィリアムズにおいて、倫理学理論そのものへの批判が開始された。じっさい、ウィリアムズの影響も受けつつ、理論そのものを批判する論者が出始めることになる。マイケル・ストッカーは、「現代倫理学理論の統合失調症（The Schizophrenia of Modern Ethical Theories）」という論文を1976年に発表し、倫理学理論の提示する「正当化」と、人間の自然な「動機」の分裂がみられることを指摘した。あくまでも「普遍的な義務だから・それが最善の事態だから」友人の病室を訪れる人間の異様さを指摘する有名な議論（Stocker 1976: 462）は、あきらかにウィリアムズの議論と軌を一にしている。さらに、スーザン・ウルフは「道徳的聖者（Moral Saints）」と題する１９８２年の論文において、倫理学理論の描像を前提にすると、ひとが芸術やスポーツといった非道徳的な事柄そのものに価値をみとめることが理解できないと指摘した。倫理学理論は、むしろ、あらゆる事柄を道徳的な関心から理解して道徳にのみ献身しつづける「道徳的聖者」を理想としてしまうが、これは異様である。ウルフの議論は、彼女じしんが明言するように、ウィリアムズの「ひとつ余計な思考」の論点を展開するものであった。これらウィリアムズ以降の倫理学理論批判の要点をひとことで言うならば、倫理学理論は、倫理的な生を疎外するということになる。理論はそれが説明しようとする倫理のありようをうまく理解できていないし、そのような理論にまじめに従って生きていると、どこかおかしくなってしまう。

　理論による疎外の問題――これに対して、多くの倫理学理論家たちが反論を準備していく。彼らの反論の基本的な戦略は、「反省（reflection）と実践（practice）を区別せよ」というところにある。すなわち、倫理学理論は、個人がなすべき行為を理論的に反省するものの、生身の個人が現実の場面でどのように行為を実践するかということについては中立である。例えば、マーサ・ヌスバウムは、「反省（reflection）」と「動機（motivation）」を区別する（Nussbaum 2000: 246-7）。すなわち、倫理学理論は、現実の行為の場面で、当事者がいかに行為へと動機づけられるかについての理論ではなく、その行為を理論的に反省したときに、それが正しいか否かについて判定する理論なのだ、と。ヌスバウムによれば、倫理学理論は、実践の場面でじぶんの妻を「彼女だから」助けることを許容することができる。倫理学理論が行うのは、そのような状況を反省して、行為やその理由が正しいかどうかを理論的に検討することであって、かかる理論的反省によって得られた基準（普遍化可能性・功利の最大化）を、生身の行為者が実践の場面でそのまま使用することまでは命じていない。かくして、件の夫は、妻の現実の危機にさいして、定言命法や功利計算を考える必要はないとされる。このような「反省と実践を区別する」議論は、功利主義者たちによっても採用された。例えば、ピーター・レイルトンは、人生全体を反省するさいには帰結主義を指針としつつ、日常的な実践の場面では、個人的なプロジェクトから行為する個人を、「洗練された帰結主義者（the sophisticated consequentialist）」として描いた（Railton 1984: 150-5）。「洗練された帰結主義者」は、普段の生活では、妻への愛などから、帰結主義を意識せずに行為する。しかし、彼は、ときには冷静な反省の時間を作り、みずからの実践が帰結主義に反していれば、それを適宜変更するのである。反省と実践をひとりの精神のなかで区別する、この功利主義の立場は、「二層理論（two-level theory）」と呼ばれる。

反省と実践を区別する理論家たちの反論は、本書のはじめに述べたような「理論と実践の分離」の典型である。ウィリアムズがその生をつうじて警戒していたのは、こうした区別を平気で設ける態度とその楽観主義である。この反論に対するウィリアムズの応答は[22]、彼の最初の著作のなかにすでに含まれている。第一節での規則功利主義批判に示されるように、理論と実践を対立させつつ体系的に共存させることは完遂できないのである。それを完遂するには、社会的な階級としての理論家とその操作を知らない大衆を分断するか、ひとりの人間の頭のなかで理論と実践を素朴に共存させるしかない。秘密政治による統治、あるいは、愛やインテグリティにそれ自体として価値があると真摯に信じながら、それ自体に価値はないと理解するという二重思考。オーウェルが『一九八四年』においてすでに描いていたように、どちらの道も、近代のある種の帰結であったのかもしれないにせよ、われわれはそれらが閉ざされていることをすでに知っている。そうであるならば、破局した道を反復するのではなく、むしろ、実践を疎外しない反省へと倫理学は向かうべきではないか。たとえその倫理学が、体系的な理論の形をとらないにせよ。ウィリアムズはそう考えた。

結論

本章では、ウィリアムズによる功利主義とカント主義の批判をみてきた。ふたつの代表的な倫理学理論はどちらも、個人がみずからのプロジェクトに応じて行為するということの重要性を取りこぼしてしまう。インテグリティ、コミットメント、生きる理由、愛、といった場面で、個人のアイデンティティ・プロジェクト・ひととなりは決定的な役割を果たしているのにもかかわらず、このことを功利主義やカント主義はうまく理解できないのであった。

まず、功利主義には、われわれが求める価値をすべて扱うにはそもそも無理のある薄い幸福概念から出発しているという問題と、功利主義理論を実践すると功利主義的に望ましくない結果が生じるという問題があることが、ウィリアムズの最初の単著によって示された。功利主義の魅力とされる要素をよく検討してみると、功利主義理論の実践を否定することへと導かれるという自己抹消性がそこにはあった。つづく時期に著された「功利主義批判」では、いわゆる「インテグリティによる異議」によって、功利主義が倫理の問題を思考するには表面的すぎるという問題が示された。あらゆる行為者を調整者的に扱う功利主義は、行為者がみずからのプロジェクトから行為するモードの重要性を捉えきれない。次に、カント主義は、功利主義ほどに人格の別個性を軽視しないまでも、やはり個人のアイデンティティやひととなりが倫理において持つ重要性を理解できない。そのことは、最も典型的には、個人的関係・個人のアイデンティティにもとづく行為の動機を理解できないこと（どうしてもひとつ余計な思考を要請してしまうこと）に現れていた。

本章では最後に、ウィリアムズの議論がもたらした論争を概観した。倫理学理論への批判に対して理論家たちは、反省と実践を峻別するという反論を行った。反省のモードでは功利主義を採用し

(22) （ウィリアムズ本人はそのように論じていないものの）そもそも「インテグリティによる異議」といった議論は反論者たちが言うところの「反省」に関わっている。つまりそれは、「行為者は何をすべきか」と反省するさいに行為者性が重要であるという議論であって、反省と実践の区別による応答はそのポイントをはずしているように思われる。

つつ、実践のモードでは功利主義を忘れるという二層理論が、理論家の立場を典型的に示すものだった。ウィリアムズの応答はひとまず、「理論的反省と実践を対立させつつもそれを調和させる」という（弁証法的・近代的な）プロジェクトは諦めて、実践を疎外しない反省の希望に賭けるべきだ、というものとして理解された。この希望が達成可能であるかどうか、あるいは、そもそも、倫理学を不偏的な理論的体系へと導くものは何であるのか――これらの問いに取り組むためには、倫理学理論のさらに奥にひそむ、道徳の思考そのものを検討する必要があるだろう。

第三章

倫理は運を超えるのか

道徳批判

序論　テロリストから英雄へ

ヴェトナム帰還兵のトラヴィスは、眠れない夜をやり過ごして生活するため、タクシードライバーをしていた。ドラッグとセックスを楽しむ乗客たちを横目に、トラヴィスは、深い孤独と怒りをどこまでも募らせる。人びとを「ゴミ」と見下し、それを洗い流す「ほんとうの雨」がいつか到来することを夢想する。苛立ちをどこかに発散することもできず、流しのドライバーは夜の街を彷徨う。じぶんの人生は何のためにあるのか。トラヴィスは書く。「私の人生に足りないのは、方向の感覚だ。つまり、向かうべき場所の感覚（All my life needed was a sense of direction, a sense of someplace to go.）」。

トラヴィスは、選挙事務所で働くベッツィーに一目惚れする。「ゴミ」の街にありながらひとり輝く彼女は天使のようで、街を憎むじぶんとどこか通じ合うはずだ。彼女となら、じぶんも「ふつうに」生きていけるはずだ。トラヴィスは彼女をデートに誘う。しかし、彼女が喜ぶと思って観に行った映画はポルノで、彼女を激怒させる。何が問題なのかわからないトラヴィスに対してベッツィーは言う。「私たちは全く違う種類の人間ってこと、それだけ。あなたと私の道は違う（We're just two very different kinds of people, that's all. You go your way, I'll go mine.)」。

　社会から疎外され、ベッツィーにも突き放され、トラヴィスの孤独は深まる。ベッツィーも他人と一緒だ。じぶんを理解しない、冷たい人間。ひとりきりの部屋で内省するトラヴィスは、やがて、銃による直接行動という考えに囚われていく。生きる道が違うのならば、人びとに流されてふらふらと生きるのはやめて、じぶんの道をつくってしまえばいい。トラヴィスは、ベッツィーの支援する大統領候補パランタインの暗殺を決意する。暗殺者としての道を歩み始めてから、トラヴィスの生活は一変する。身体を鍛え、射撃訓練に勤しむ日々。「俺に話しかけているのか？」、鏡に向かってシミュレーションをする彼の表情は、いまや自信と活気に満ちている。自力救済を可能にする暴力を手にしたトラヴィスは、強盗を躊躇なく銃撃し、少女売春婦アイリスに対しては「家に帰れ」と良心を説く。

　暗殺を決行しようとする日、彼は語る。「私の人生は、ひとつの方向に収斂していたのだった。今ならそれがわかる。私には選択肢など存在しなかった（My whole life has pointed in one direction. I see that now. There never has been any choice for me）」。演説するパランタインを観察し、少しずつ近づいていく。今こそという場面で、しかし、トラヴィスはシークレットサーヴィスの警護員に感知される。暗殺は失敗した。逃走したトラヴィスは、充血した目を瞬くこともなく、少女売春婦アイリスの仕事場へと向かう。そして彼は、アイリスを管理していた女衒を殺し、売春宿の管理人、彼を撃ってきた買春者をも撃つ。突然の惨劇に慄くアイリスの「そのひとを殺さないで」という嘆願を無視して、瀕死のトラヴィスは買春者に止めを刺す。トラヴィスは「やるべきことをやった」という満足感に溢れながら、意識を失う。

物語の顛末を記しておこう。回復したトラヴィスは、買春組織から命懸けで少女を救った英雄として賞賛されることになる。彼の怒りと苛立ちは消え、同僚とも良好な関係を築くようになり、かつて彼を拒絶したベッツィーとも再び会話する。たまたまテロに失敗したこと、たまたま少女を救ったこと、たまたま世間に称賛されたこと。そして、たまたまじぶんの行為に満足できたこと。幾重もの偶然が重なり、トラヴィスの人生は安定することができた、と言える。トラヴィスじしんはいくつかの場面で「意志」をはたらかせたものの、じっさいのところ、彼の生の安定は運の産物でしかない。彼の意志や選択のはたらくどの場面でも、ことのなりゆきによっては、別の生がありえた。暗殺を実行したならば、テロリストとして断罪されていたかもしれないし、テロをおこなったとしても、パランタインと宗教組織の癒着が明らかになれば、ある種の「英雄」になっていたかもしれない。ベッツィーと交際すれば銃を持たなかったかもしれない。あるいは、アイリスを救ったあとでも満足できずに、新たなテロを計画したかもしれない。

この物語になにかしらの教訓があるとすれば、それは、生には個人の意志を超えた運がまとわりついているという凡庸な事実だろう。彼のような人間になったこと、彼の計画が失敗したこと、彼が少女を救ったこと、彼が救済されたこと——これらはどれも、トラヴィスの意志でコントロールできるような事柄ではなかった。トラヴィスの人生は虚構の物語だが[1]、われわれはすでに、彼のような生がありふれていることを知っている。ひとの生のあり方を考える倫理学は、「運がまとわりつく」というこの凡庸な事実と向き合う必要がある。じっさい、この事実と向き合って生をみつめるとき、倫理学が扱う古典的な問題が現れてくる。トラヴィスはどこまで自由だったのか、トラヴィスの行為は正しかったのか、トラヴィスのような人物を非難すべきなのか、あるいは、トラヴィスのような人物といかに共存するのか。自由と必然性、運と正しさ、非難、共存。しかし、そのようにトラヴィスの生を考えるとき、われわれが有している「道徳」の枠組みを適用することはあまり意味をなさないように思われる。トラヴィスを道徳的に断罪したところで、運によって救済された彼の生のありようについて、明らかになることはほとんどない。あるいは、「トラヴィスには自由意志がなかったのであり彼を非難することはできない」と語ることも、いかがわしい説法のようにしか響かず、ことの本質を捉え損ねているように思われる。運を真剣に考えるとき、「道徳」とは別のしかたで生をみつめるべき空間が現れてくる。

本章では、「道徳」の限界をめぐるウィリアムズの思考を検討していく。それは、道徳批判であるとどうじに、運がまとわりつく世界において倫理を真摯に思考する試みでもあった。第一節では、彼の道徳批判が開始されるところの、「道徳的な運」に関するウィリアムズの思考を確認する。第

(1) ポール・シュレイダーによる『タクシードライバー』の卓越した脚本は、オンラインで読むことできる(Schrader 1976)。上映版では省略があるため、本章で引用した科白は、ロバート・デニーロらがフィルム上で語る言葉とは異なる部分がある。

二節では、自由意志論争についてのウィリアムズの批判をみる。そこでは、非難についての道徳の典型的な捉え方こそが、自由意志論争を引き起こしていると診断される。第三節では、「理由」に関する議論を中心として、非難と説得について展開されるウィリアムズの思考を確認する（第二節と第三節はひとつづきの内容になっている）。理由の語りを適切に理解することをつうじてわれわれは、道徳のヴェールから自由に、非難の実践のリアリティを見とおすことができ、さらには、より実質的な倫理学へと進むことができる。

本章での道徳という語の使用について、注意しておこう。本章は、ある特徴的な思考としての道徳を批判する。こうした特徴的な思考を浮かび上がらせるためには、しかし、忍耐強さが必要である。どこまでが道徳であり、どこまでが道徳に染まっていない思考なのか、日常的には渾然としているからである。道徳がわれわれの規範的思考の中心にあるとすれば、それを批判しようとする者は、道徳についての常識的理解を変容させる必要がある。反道徳の倫理学であろうとする本書も、そのような変容を目指す。つまり、常識において道徳が占める地位を、それよりも基礎的な倫理を示すことで転覆させようとする。とはいえ、このような転覆・変容は、いきなり倫理を道徳に対置することでは達成されないだろう。まずは道徳を内在的に解きほぐし、それすらを駆動する倫理を明らかにすることで、徐々に道徳の特異さを示す必要がある。このような目論見から、本章では、はじめのうちは道徳という語をあるていど渾然と使用し、徐々に道徳を析出するという叙述方法をとる。(2)

1　生の理解・後悔・救済——道徳的な運の問題

古典的な問題／ウィリアムズの問題

道徳哲学の古典としても数え上げられる論文「道徳的な運（Moral luck）」は、アリストテレス協会における提題「道徳における運の問題について」に応答した発表をもとにしている。応答者のいまひとりであるトマス・ネーゲルのそれとは異なり、ウィリアムズの論文は難解であるとしばしば評価される。道徳的な運について、多岐にわたる論点が提示され、めまぐるしくさばかれてゆく。そのめまぐるしさは、しかし、道徳の本性を一因としている。というのも、道徳と運の緊張関係は、合理性、正当化、価値の秩序、といった複雑なネットワークにおいて現れているからである。ウィリアムズの論文は、その煩雑な絡まりをひとつひとつ紐解こうとするものであり、それゆえに難解なところがある。その煩雑さと向き合う忍耐強さを持ってこそ、より明瞭な道徳の姿がみえてくるだろう。

まずは、ネーゲル的な標準的な問題設定の方をみておこう。そこにおいて、道徳的運の問題とは、

（2）じっさい、ウィリアムズの思考の発展もこの叙述方法と対応している。すでに何度か指摘したように、ウィリアムズもはじめのうちは、道徳（morality）の語を倫理（ethics）と可換的に渾然と使用していたが、道徳の特徴をより明瞭に分析するにつれ、そのふたつを区別するようになったからである。

運と道徳的評価とのあいだの緊張関係のことを指す。偶然性をもたらすものとしての運は、どこにでも現れる。放たれた銃弾は、わずかな筋肉の動きや風向きによって、ひとをつらぬくかもしれないし、空を切るかもしれない。これに対して、道徳的な評価は、つうじょう、運によって影響されないものと理解されている。すなわち、「道徳的な評価は当人がコントロールできる範囲にのみ及ぶ」と考えられている（ネーゲル 1989: 42-3）。これは、「コントロール原理（the Control Principle）」とも呼ばれる、基本的な理解である。ある人が、いつの間にか睡眠薬を盛られていて、どうしようもなく眠ってしまい、その結果、じぶんの子供が健康上の危機に陥っていたとしよう。この人物が眠ってしまったこと、その結果として子供のケアを怠ったこと——どちらも当人のコントロールの及ばないことであり、これらを悪しき行為として道徳的に評価することは誤っているように思われる。このようなコントロール原理に従えば、ひとを暗殺しようと銃弾を放ったいじょう、それが当たろうと外れようと、道徳的には同じだけ悪いことのように思われる。しかし、同じように銃弾を放ったとして、相手を殺してしまった場合と、誰も殺さなかった場合では、現実には評価が異なるのではないか。古典的には、コントロール原理と運の緊張関係が問題になってきた。

運の問題はきわめて根深いものであり、「道徳的な評価は変わらず、法的な刑罰だけが異なる」という応答では、根本的な解決はもたらされない。運の問題は、銃弾の方向のような単純なケースに尽くされるものではないからである。ひとたび運の影響を考えると、それはどこまでも人間の行為のありようを侵食しているように思われる。ネーゲルが詳細に指摘するように、行為者の性格

（e.g. 怒りっぽい／穏やか）、行為に至る状況（e.g. 悪人に脅される）、行為時点の環境（e.g. ナチス・ドイツの国民であること）、行為の結果（e.g. 殺人／未遂）、これらすべてに運が影響している（ネーゲル 1989: 46）。運はどこまでも浸透しているいじょう、「運とは無関係の部分を取り出して、道徳的評価を固定する（運の部分は刑罰の差異で対応する）」といった操作は、そもそも不可能なように思われる。けっきょくのところ、コントロール原理を徹底しようとすることは、途方もなく困難なことだとわかる。生まれた時点から森羅万象をコントロールできるひとはいないのだから、どこかでコントロール原理に綻びが生じてくる。

　これは重大な問題のように思われ、じっさい、道徳哲学者たちは運の問題を真剣に扱ってきた。とりわけ、カントによる応答がよく知られている。カントは、道徳的評価の対象は「善い意志（Gutter Wille）」であるとし、善い意志は、その結果ではなくそれ自体として善いと論じた（カント『道徳形而上学の基礎づけ』邦訳 26）。つまり、道徳的評価は、運に左右されるような結果ではなく、もっぱら善い意志の有無によって判定される。カントの道徳哲学は、この（運に左右されない）善い意志の内実を明らかにすることにその多くが捧げられている。なるほど、意志や動機に注目することは、行為の結果による評価よりも運に影響されにくい。カントは、さらに、善い意志が、運によらず誰にでも持てるものであることを証明しようとする。とはいえ、カントのように、全く運に汚されていないような純粋な意志の領域を描き出すことは、リアリティのあることなのだろうか。

　ウィリアムズにとっての問題は、ここまでの論点を認めつつも、標準的な問題設定とは異なる。

彼は、（ネーゲルらが立てる）運とコントロール原理の緊張という問題よりも進んで、そのことがひとの生き方・スタイルの理解にどう関わるかという問題を立てた(3)。すなわち、運がどこまでも浸透しているという「苦い事実（bitter truth）」（ML 21）はそれとして踏まえたうえで、われわれはいかに生きていくべきだろうか。そして、この問いを考えるための枠組みはいかなるものだろうか。生き方にまつわる問いこそが、ウィリアムズの問題設定である。ウィリアムズの論文は、運をライトモティーフに、個人の生きるべき道の決定、合理性、正当化、後悔といった主題を次々に展開して行く、すぐれて倫理学的な議論である。これは、運と道徳的評価の調停を目指す標準的な問題設定とは異なり、ひとの生き方を問題にしていると言ってよい。

このような生き方・スタイルの理解を問題にするにあたって、ウィリアムズは、ある種のモーメントについて「われわれがいかに考え感じるのか」という経験のリアリティを手がかりに議論する（ML 22）。これは、すでに本書で何度か見てきたように、倫理的経験の現れを重視するウィリアムズの道徳心理学の手法である。「道徳的な運」においてウィリアムズが手がかりとするのは、過去のじぶんの行為について反省的に評価するモーメントである（ML 21-2）。じぶんの選択・行為を振り返るとき、われわれはいかに考え感じるのか——ウィリアムズはこのような思考へと誘う。じぶんの行為を振り返るモーメントにおいてこそ、運が決定的な役割を果たすからである。そこで、運と倫理はいかに関わるのか。従来の道徳的思考に染まった枠組みは、こうしたモーメントを考えるためにじゅうぶんな道具立てを提供しているだろうか。

こうした問いを考えるために、ウィリアムズは、具体的な場面を導入する。その最初のものは以下のような、（倫理学ではよく知られた）事例である（ML 22-3）。

悩めるゴーギャン

ゴーギャンは苦悩している。彼は「じぶんは絵を描かねばならない」という使命を感じている。彼は、創造的な絵を描くためには、ヨーロッパでの暮らしを捨てて、異なる自然を持った生活へとひとり没入する必要があると確信している。しかし、そのような生活を選択することは、妻子を見捨てることを意味する。じしんの確信と妻子への想いのあいだで苦悩しつつ、彼はタヒチ島へと旅立った[4]。

このようなゴーギャンが、じしんの選択をあとから振り返る場面を考えてみる。そのとき、彼の選

（3）だからこそ、標準的な道徳的な運の問題の整理において、ウィリアムズの議論はあまり扱われず、もっぱらネーゲルの議論が紹介されるという状況がある（例えば Nelkin 2021）。

（4）抽象的な文言で占められるウィリアムズのオリジナルの事例をいくらか具体化してある。また、これは史実のゴーギャン像と完全に一致するわけではないし、モームの『月と六ペンス』で描かれるような、苦悩のないアモラルなゴーギャン像とは異なる。悩めるゴーギャンが扱われるのは、生き方の問いにとって後悔のリ、ア、リ、テ、ィ、が重要になるからである（これは本節全体をとおして示される）。アモラルなゴーギャンにはそのリアリティが欠けている。

択を正当化しうると考えられるのは、ただひたすら、彼の選択した生き方を成功させる場合ではないだろうか（ML 23）。つまり、創造的な絵を描こうとしたゴーギャンが、タヒチに行くことで、ほんとうに創造性を花開かせたときに限り、彼の選択は正当化されうる。それ以外の場合、彼の選択は、正当化の手がかりを失っているだろう。選択した生き方に失敗したとき、つまり、凡才であるとわかってしまったとき、彼はじぶんの選択を正当化する根拠を全く持たないように思われる。しかし、このように正当化が成功／失敗にのみ依存しているとすれば、それは、運に依存していると言えるのではないか。

ここで、ゴーギャンの生き方の成功／失敗について、事前の正当化条件のようなものをうまく立てられないことも重要である。例えば、「単位を取りたい」といった欲求の充足が教員の提示する単位取得条件を満たすことなどによって、合理的に予見できるのとは異なり、ゴーギャンの生き方の成功／失敗は、合理的なしかたで事前に予見可能なものではない（ML 23-4）。単位の取得は、「授業に出席している」、「字数や形式などの条件を満たしたレポートを提出している」といった事前の条件の達成によって合理的に予期でき、その条件を満たしたうえで単位取得に賭けることは結果によらず正当化されうる（単位が取れなければ教員のミスの可能性を問うことも正当化されうる）のに対して、「創造的な芸術を生み出す」という生き方の成功は、このような事前の条件が何であるのかすらも定かではない。「じぶんが偉大な芸術家になると確信している」とか「美術の教員がタヒチに行くと良いと言っていた」などという条件を考えたとしても、それは的外れだろう。

事前の合理的条件といった手立てなしでみずからの人生の可能性に賭けるゴーギャンの選択——この選択の正当化／非正当化は、もはや、その結果によって考慮するほかない。これは、選択の正当化が運に依存しているという事態である。ゴーギャンのプロジェクトの成否は、ゴーギャンそのひとの才覚によって影響されるものではあれ、意志によってコントロールできるようなものではないのである。

これとは違って、よりありふれたケースでは、ひとのプロジェクトの成否は、当人の外部に存することによってコントロールを超えてしまう。つまり、ある種の生き方の成否は、当人ではなく、他者や情況に存することがある。ウィリアムズは以下のような例を挙げる（ML 26）。

アンナ・カレーニナ

アンナはカレーニンと結婚しているのだが、ヴロンスキーに惹かれてしまう。彼との関係をつづけるか悩んだアンナだったが、最終的には、ひとり息子を置き去りにしてでも、ヴロンスキーとの生活を選ぶ。しかし、不倫への非難による孤立とヴロンスキーとのすれ違いから、アンナは不安に陥り、みずからの選択が誤っていたと感じるようになる。そしてアンナは自殺する。

恋愛や結婚が往々にしてそうであるように、アンナの選択した生き方の成否は、単純にアンナそのひとの意識で決定できるものではなく、ヴロンスキーにも、また、社会状況にも依存している。それは、アンナのコントロールをとっくに超えている。このように、アンナがみずからの選択を振り返って、もはやそれを正当化する根拠が存在しないと考えるとき、その非‐正当化は運に依存している。

まとめよう。われわれは、生きていくうえで、ときに重要な決断をする。そのような生き方の選択は、その時点ではみずからの倫理——例えばじぶんにとって大事な他者からの要求——に反するものであっても、あとから振り返って正当化されうる時もあれば、もはや正当化されえないときもある。このような生き方の選択の正当化／非正当化の場面こそ、運が決定的な役割を果たす領域である。なぜなら、生き方が関わるとき、その成否は往々にして、当人のコントロールを超えた運に依存しているからである。ひとは、さまざまな考慮——みずからの希望、スタイル、大事な他者からの要求、社会的な規範、他者への気遣いやケア、政治的な理解——のうえで、じぶんのスタイルのただしさを賭ける。しかし、そのただしさは、あらかじめ決まったものではないように思われる。このただしさの次元にこそ、道徳とは異なる倫理が垣間見えている。とはいえ、そのことを理解するには、いますこし忍耐が必要だ。

生の理解の問題——後悔・合理性・評価

われわれにとって重要であるのは、このような事象——運に依存する事後的な正当化／非正当化——は、従来の道徳の枠組みでは扱いづらい、という点である。というのも、すでにみたように、道徳の基本的な考え方によればコントロールできる要素こそが重要だからである。そして、この道徳の考え方は、責任、合理性、正当化された選択といった諸々の倫理的なアスペクトと絡み合っており、それぞれについて運の事象との緊張がある。

まず、責任について言えば、「道徳的な評価は当人がコントロールできる範囲にのみ及ぶ」というコントロール原理から帰結する考え方として「ひとは自発的な行為にのみ道徳的責任を負う」というものがある。ひとは、自発的になした行為（あるいは意図的な行為）について責任を負うのみで、強制された行為や他にどうしようもなかった行為には責任を負う必要がない。この考えは、運の事象と折り合いが悪い。ひとの生のありようは、そのひとのコントロールや自発性の範囲をとっくに超えて運に左右されてしまうからである。信じていたひとに裏切られる。じぶんでは知らないうちに災いを起こしてしまう。このようにして、当人にはどうしようもないしかたで責任を負うことがあるかもしれない。

次に、人生の選択についての合理性や正当化という考えも、道徳と関わる。ゴーギャンやアンナがしたような人生の選択について、合理性や正当性を問うことができる。道徳の典型的な考えに従えば、正当化された選択とは、事前に適切な考慮をクリアしたものである。つまり、ある選択・行為が、善い意図にもとづいており、誰からみても合理的な熟慮を重ねてなされたものであれば、その結果によらず、それは正しいと言える。溺れた子供を助けようとして、緊急なのだから救急隊を呼ぶよりもじぶんが助けるしかないと合理的に考え、子供を助けようとする選択は、結果によらず、正しい。かくして、道徳に従えば、正しい選択とは「事前の合理的な熟慮（ex-ante rational deliberation）」にもとづいてなされたものである、という考えが自然に出てくる。しかしこの考えは、運の事象のリアリティと平仄が合わない。ゴーギャンやアンナの正当化／非正当化は、事後的になされている。そこでは、事前に合理的な熟慮が行われたかどうかということとは独立に、プロジェクトの成功／失敗によって遡及的に（＝あとの時点から選択の時点に遡って）、正当化／非正当化がなされている。このことをどう考えればよいのか。

しかし、そもそも、ゴーギャンやアンナは道徳にもとる選択をしているいじょう、どう転んでも正しいとは言えないのではないか。それらは、いずれにせよ不道徳であるのだから……。道徳を重視して、このように考える向きもあるかもしれない。「ゴーギャンやアンナの選択は、道徳的に悪いのだから、正しくなりようがない」。このような思考――事前の合理的な熟慮の前提をさらに道徳的に徹底したもの――の検討については、本節の最後までペンディングしておく。さしあたっては事前の合理的な熟慮と事後的な正当化の緊張関係の方を考えていく。

道徳にもとづく生き方の理解は、いずれにせよ、ゴーギャンやアンナを考える視点と緊張関係にある。この緊張を考えなおすためには、じぶんの行為を振り返るモーメントにおいて何が起きているのか、より具体的に検討するほかない。そこでウィリアムズは、このモーメントにおいて行為者がどう感じるか、その感情・視点をつまびらかにしようとする（ML 27）。重要になるのは、後悔の感情である。じぶんの行為を振り返り、それが正当化されていないと感じるとき、ひとは後悔を感じる。つまり、「あんなことをしなければよかったのに」と感じる。この感情が鍵になる。

後悔を考えることで、まず、責任についての道徳の思考が疑問に付される。じぶんの行為を振り返るときの後悔の感情は、たんに「そんなことにならなければよかったのにね」と残念に思う感情とは異なる（ML 27）。後悔は、じぶんの行為を問題にするものであり、そこには当事者としての意識がある。ウィリアムズはこの当事者の感情を、「行為者後悔（agent-regret）」と呼び、たんに第三者的な感情との違いを検討する（ML 27-8）。重要な違いとして浮かびあがるのが、非自発的な行為に対する態度である。非自発的にもたらされた被害――例えば、トラック運転手が、突然道に飛び出してきた子供を轢いてしまうこと――を考えてみよう。このとき、第三者（傍観者）は、「しかたのないことだった」、「悲しいことだ」と感じるだろうが、当事者としての運転手はふつう、そのように事態を傍観することができない。運転手はそこで、「私が殺してしまった。私が防いでいれば……」と後悔し、責任を感じ、果たしきれない償いの念を抱える。このような行為者後悔は、そうと知らずに行為するケースでも同様である。オイディプスは、そうとは知らずに、じぶんの父を殺し、じぶんの母と結婚してしまう。彼が引き起こした災い（親殺し・近親相姦）は、どれも自発的なものではない。だからといって彼は、「残念なことが起きた」と事態を傍観することはできない。じっさい、絶望的な自責のなかで、オイディプスはみずからの目を潰すことになる。

このように、行為者後悔の構造を考えるとき、責任の感覚は、道徳が考えるように自発性／非自発性（コントロールできることの区別）によってクリアカットに区別できるものではないとわかる（ML

29)。ひとは、自発的な行為にのみ責任を感じるようにはなっていない。さらに言えば、そのように非自発的な行為にも責任を感じることは、ふさわしい反応ですらある。運転手やオイディプスが全く傍観者的に事態を捉え、なんの後悔や自責も感じないとすれば、それはある種の狂気と解されるだろう。このようにして、じぶんの行為の評価や責任の感覚は、自発性やコントロール可能性によって完全に決定することはできない――それはどこかで運の影響を被ってしまうし、そうあるべきだと考えるポイントがある。

行為者後悔の構造をさらに分析することで、「事前の合理的な熟慮」という考え方も懐疑に晒されることになる（ML 30-1）。すでにみたように、道徳の考えに従えば、「行為の前に合理的な熟慮をしていれば、その行為は正当化される」ということが示唆される。つまり、事前に合理的であれば、後悔しなくて済む。こうした考えは、じっさい、道徳哲学者たちによってしばしば理論化されてきた（ML 33）。つまり、「あんなことをしなければよかった」という後悔は、「合理的に熟慮すれば異なる行為をしたはずだ（ちゃんと考えればよかった）」ということを意味するのであり、そうだとすると、じゅうぶんに合理的に熟慮して行為していれば、あとから後悔する必要がなくなる。(5) よって、合理的に熟慮したならば、運悪く思った通りの結果がもたらされなくとも、熟慮したじぶんを責める必要がないことになる。これは道徳の考えとパラレルである。しっかりと考えて道徳的に正しい意図のもとで行為すれば、責められるいわれはない。しかし、このようなモデル――選択の正当化と事前の合理性のモデル――は端的に誤りである、とウィリアムズは言う（ML 34）。というのも、このモデルは、「ひとの現在の行為や生のありようが、そのひとの未来の視点を条件づける」という事実を軽視しているからである。事前に熟慮する視点が此方から（*from here*）のものであるとすれば、あとからその選択を振り返る視点は彼方から（*from there*）のものである（ML 35）。今ここでの選択がのちの視点を変えてしまいかねないいじょう、ふたつの時点をつうじて同じ視点（合理性の視点）が共有されるとは限らない。蜂起という現象（あるいは伝統的に「革命」と呼ばれてきた現象）が典型的にそうであるように、今ここで跳んでしまえば、もう以前の視点には後戻りできないかもしれない。ウィリアムズによれば、ゴーギャンやアンナに起きたのは、それである（ML 35-6）。ふたりの選択の成否は、あとからじぶんを評価する視点を根本的に決定している。芸術へと身を投じ成功したという事実は、のちのゴーギャンにとって重要なことを根本的に構成している。アンナにとっては、重要だと思っていた事柄（ヴロンスキーとの生）が根本的に反証されてしまっている。このように、生の選択という瞬間においては、その成否によってのちの生のありようが変容するために、かかる成否によって評価の視点が根本的に規定されることがある。事前の合理性のモデル――評価の視点を通時的・超時間的に固定するモデル――は、ひとの生き方を考えるには単純すぎるのである。むしろわれわれは、徹底的にそのひとにとって内在的な視点から、評価の問題を考えなければならない。

（5）こうした考えへのウィリアムズの懸念は、のちの文献においてより明確に論じられている（MSH 245）。

道徳批判へ——リスクと救済のリアリティ

ここまで、運と後悔の現象を手がかりに、道徳の考え方を揺さぶるウィリアムズの思考を確認してきた。道徳の考え方は、責任、合理性、正しい選択といった種々のアスペクトに浸透しているのだが、そのモデルは、いずれの場面においても人間のリアルな感覚や感情を理解するには単純すぎる。ここに至って、ウィリアムズに対する最も道徳的な反応——われわれがペンディングしておいた反応——を扱う必要がある。すなわち、ゴーギャンもアンナも、いずれにせよ不道徳な選択をしたのであり、それはどう転んでも正しい選択とは呼べない、という反応である。例えばネーゲルは、ウィリアムズの描く例はどれも道徳的な運の事例ではないと論じている（ネーゲル 1989: 47）。道徳的評価の問題を扱うネーゲルからすれば、ゴーギャンの選択は、道徳的にはいずれにせよ不正なのだから、道徳的な評価が運によって変化する事例とは言えない（ML 36）。ウィリアムズは、運によって人生がうまくいったりいかなかったりする事例を扱っているが、それは道徳に関する運ではない。このような反応に対して、ウィリアムズはどう応答するのか。

そうだとすれば、かかる意味で使われる道徳による生の見方はやはり単純すぎる——これがウィリアムズの答えである。ゴーギャンは家族への想いとのはざまで悩みながらも芸術に身を投げ、成し遂げた。このゴーギャンは、他者への配慮という倫理的な考慮と真摯に向き合っているという点で、（他者や倫理を全く考慮しないアモラリストとは異なり）倫理的に真摯な人間である（ML 38）。彼は倫理の要求と真摯に向き合いつつも、じしんの運命の要求と信じるものを選び、生を形づくった。彼は運よく、倫理の要求に対して、じぶんの生を対置することに成功した（ML 39）。倫理や他者の要求と向き合いつつ、それとじぶんの生をすり合わせること——これは倫理の内部で生きるわれわれの誰しもが行う基盤的な営みであり、ゴーギャンの事例が示すのは、そのすり合わせ・調停には運が影響するということである。ひとは、共存して生きていくうえで、他者からの倫理的な要求と、じぶんの生を形づくる欲求とを調停している。この調停は、すぐれて倫理の問題であり、その位相が存在することを全く無視することは、ひとの生や倫理の営みを単純に捉えすぎている。これがウィリアムズの答えである。

　ウィリアムズの議論をまとめよう。道徳の考え方は、運の事象と関わるとき、基盤的な倫理のリアリティをうまく捉えることができない。当事者が感じる自責の感覚、事前の合理性を超えた事後的な正当化／非正当化の感覚、他者への責任とじぶんの生とのあいだで成り立つ均衡／不均衡。ひとが共存して生きていくとき、どうしても、これらの感覚がリアリティをもって現象してくる。しかし、道徳の考え方ではこうした感覚をうまく捉えることができないばかりか、むしろ、そうした感覚を排除するように誘導する。道徳は、事前の合理性といった尺度によって、超時間的かつ第三者的（不偏的）に責任や評価を規定しようとするからである。この論文以降、ウィリアムズは、このようにわれわれの経験・感覚を排除していく（近代）[6]道徳の考え方を、狭義の「道徳（morality）」、あるいは「道徳システム（the morality system）」と呼び、それを、より広義の「倫理（ethics）」と明確に区別するようになる（MSH 241）。広義の倫理とは、「他者の生や要求を、じぶんの生や要求と結びつけるもの」である（ELP 13）。運転手の後悔やゴーギャンの正当化といった諸感覚は、倫理的な感覚だということになる。ここですぐに気づくように、道徳はひとつの倫理に過ぎず、しかも、ひじょうに特異な倫理である。というのも道徳は、ここまでみてきたように、他者とじぶんのすり合わせという倫理の基盤的な営みをほとんど暴力的にかたづけてしまうからである。つまり、道徳においてじぶんと他者とのすり合わせは、ひたすらじぶんを殺すことによって成り立つ。「ゴーギャンはじぶんを他者より優先させた瞬間から、いかに生きたとしても、道徳的には正当化されない」、このような道徳の考え方を受けいれるべきだろうか。ウィリアムズの道徳批判が、ここから始まる。

　運の現象のありよう（遡及的評価のありよう）について、最後にひとつだけ補足しておこう。ウィリアムズは、ゴーギャンやアンナが直面した現象を、リスクとも呼んでいる（ML 38）。生き方の選択の場面で、他者に対する倫理とじぶんの生のあいだで揺れるとき——道徳的には決して正当化されない生き方を考えてしまうとき——ひとはリスクを背負う。道徳の慰めを手放したあとで、選択が正当化される保証はどこにもなく、その生は完全に空虚になってしまうかもしれない。じっさいのところ、芸術や結婚生活に成功しても、後悔から逃れる保証はない。どうしようもない運の暗闇を生きていくことになる。しかし、運は暗闇であるとどうじに、奇跡の光でもある。ゴーギャンがじしんの運命に真理を見出すことができたとき——彼の生き方に意味が生成されるとき——それまで暗闇にすぎなかったものすべてに対して一挙に光が当てられる。「私の人生はこのためにあったのだ」という気づきを得るとき、遡ってすべての選択がこの生を構成するものとして肯定される。

それまではリスクでしかありえなかった、正当化があるかないか不確定でしかなかった決断が、事後的にすべて正当化され、今に至るまでの道すじが必然のものとされる。(7) ここに至ってはじめてゴーギャンは暗闇から救済されるのだろう。(8) この救済は、あらかじめ存在していたものではなかったのだが、暗闇のあとでそれがもたらされてしまえば、その光をとおしてしか、みずからの来し方を評価できなくなる。このような救済と暗闇のはざまに身を投げるというリスクは、道徳的に許されないどころか、それを解決する一般的な道標が存在しないのだから、このリスクをとることは合理的ですらないだろう。それでもなお、リスクをとって、意味の生成の可能性に賭ける勇気。その勇気をもってしか救済できない生があるはずである。そして、倫理のリアリティとともに生きると

(6) これが歴史的には近代の産物であることはここまでの記述では不明である。このことは、次節以降の自由意志に関する議論、そしてウィリアムズ自身による道徳の系譜学の作業によって明らかになる。本書では詳細に扱えないものの、1993年の著作『恥と必然性』こそが、その系譜学の作業を行うものである。

(7) 古代ギリシアの運（テュケー）が事後的な「意味の生成」をめぐるものであるという田島正樹の議論を参照した（田島 2013）。偶然性の事後的な必然化という事態は、ニーチェが語る「永遠回帰」とも同じことだろう。意味が生成することで、偶然的でしかなかったはずのありとあらゆる選択が、この生を構成するために必然的なものとなる。「過ぎ去ったものを救済し、すべての「そうあった」を「そう私が欲したのだ」に造り変えること——そうであってこそ、私はこれを救いと呼びたい」（『ツァラトゥストラはこう言った』「救い」邦訳 234）。

(8) ゴーギャンはともかくとして、この救済は多くの場合、当人の力だけによってはもたらされないだろう。タンホイザーがエリーザベトの祈りによって救済されたように、運命的な他者との出会いが必要になる。関連する論点を、ムーミンの物語に即して論じた（渡辺&渡辺 2022）。

いうことは、このような勇気を肯定することでもあるはずである。リスクと勇気とともに生きることを肯定するか、それとも、道徳に従って「安全」で均質な生のみを肯定するか、「道徳的な運」はその態度決定を迫る。(9)

2　道徳システムの所産としての自由意志論争

自由意志論争の構造

前節でみたように、論文「道徳的な運」では、運とコントロール原理の緊張関係を解決するという古典的な問題設定は前景化していなかった。とはいえ、コントロール原理や道徳的責任の問題が、ウィリアムズの関心の埒外にあったわけではない。むしろ、責任や行為の評価についてのある種の見方——とりわけ非難をめぐる見方——は、道徳システムの典型的な現れである、とウィリアムズは考えていた。これについては、「道徳的な運」より少しあとの時期になって集中的に論じられるようになる。本節では、そこに示されるウィリアムズの自由意志論争批判をみよう。

「道徳的評価は当人のコントロールできる範囲にのみ及ぶ」というコントロール原理は、責任をめぐる重大な論争と関わっている。すでにみたように、自発的な行為にのみ責任が生じるという考えがある。また、いまだ根強い考え方として、「自発的な行為とは、自由意志によってなされた行為である」という理解がある。とはいえ、このように自発性や自由意志を強調することは、ある不安を生じさせてきた。というのも、近代において自然科学が発展するにつれ、決定論（determinism）のリアリティがましてきたからである。決定論とは、「あらゆる行為は先行の要因によって決定されている」という考え方である。自然科学において自然現象のパターンのデータを蓄積されるのにつれ、人間の行為も、同様のパターンによって支配されているのではないか、という疑念が生まれてくる。とりわけ心理学は、人間行動のパターンの把握につとめてきた。われわれが自由に行うと考える行為は、じつは決定されているのではないか。人間の自由意志なるものは錯覚ではないか。そうだとすると、自由意志を基礎にした責任というものは崩壊するように思われる。このようにして、「決定論が真だとすれば、責任を問うこと（＝責任の営み・責任実践）は恣意的である」という考えが生まれてくる。自由意志への不安のなかで特に問題とされてきた責任実践とは、他者を非難するという実践である。われわれは、他者が道徳的に誤ったことをしたとき、「そのようにすべきでなかった」、「そうしない理由があった」と威力的に語りつつ、そのひとの責任を問う。このように、非難はある種の道徳的な処罰としてはたらく。しかし、行為が決定されているならば、このように

（9）澤田和範は、ウィリアムズの「道徳的な運」を扱う重要な論文のなかで、ここで言う「リスク」をとる人物が存在することによる善を重視している（澤田 2023: 98）。澤田も示唆するように、ウィリアムズの論点が、運があるなかでどう生きるかという処世術的なものにとどまらず、自他の生き方に対する真剣な態度選択を要求していることは、確かであろう。

威力的に非難することなど許されないのではないか。かくして、「道徳的な非難に値するかどうか（blame-worthiness）」をめぐる問題圏が前景化してくる。決定論が真だとすれば、ひとを非難するべきでない。このような懸念から、決定論と自由意志の緊張関係をめぐって、近代以降、多くの哲学者たちが争ってきた。

「自由意志論争（the free-will debate）」と呼ばれるこの論争は、気が遠くなるほど膨大な議論が蓄積されているものの、その基本構造自体はあまり変わっていない。それは以下のように整理できる。

1　人間の自由意志は重要である。それは、責任・非難実践に必要だからである。
2　しかし、決定論と自由意志は矛盾する。
3　よって、決定論が真ならば自由意志は存在せず、責任・非難実践は揺らいでしまう。

自由意志は、たいてい、その必要条件としての「他行為可能性（alternate possibility）」をつうじて理解されてきた。すなわち、自由意志が存在するのは、じっさいになした行為とは他なる行為ができた場合に限る。私が自由意志をもってコーヒーを飲んだと言えるのは、コーヒーを飲む以外に他の行為ができたときに限る。複数の選択肢のなかからコーヒーを飲むのを選んだからこそ、自由に飲んだと言える、というわけである。そして、「他行為可能性」がない行為については、自由意志がなかったのであり、その行為の責任を問うことはできない、とされる。[10]しかし、他行為可能性は、決定論によって否定される運命にある。決定論によれば、私はコーヒーを飲むほかなかったのであり、他の行為はできなかった。18世紀のラプラス（「ラプラスの魔」）から、20世紀のヴァン・インワーゲンの古典的な論証（「帰結論証」）に至るまで、決定論のイメージ自体もあまり変化していない[11]。決定論によれば、現時点の状態は、過去の状態から、自然法則をつうじて決定されていたのである（van Inwagen 1975）。

しかし、むしろ、このように理解される自由意志の方が問題なのではないか。「他行為可能性」をつうじて「自由意志」を求めること、それ自体が道徳システムの過剰な理想なのではないか。ほんとうにわれわれの責任・非難の実践は、そのような「自由意志」を前提にして稼働しているのだろうか。すでに前節において自発性に着目する道徳システムの思考を相対化したわれわれにとっては、このような疑念が生まれてくる。じっさいウィリアムズが自由意志論争において着目したのも、この路線での道徳批判の可能性であった[12]。

（10）これは、「他行為可能性原理」とも呼ばれる、自由意志論争の論者たちの基本的な理解である（高崎 2022: 36-8）。

（11）「ラプラスの魔」とは、自然法則とすべての物理的状態の情報を完全に把握した存在のことであり、その存在にとっては未来がすべて確定しているはずであるというイメージである。「帰結論証」とは、「現在の状態は、過去の状態と自然法則による帰結である」（どちらもわれわれ次第でないので現在も変更できない）という議論（高崎 2022: 102-3）である。

非難とはいかなる営みか——正当性・理由・フィクション

１９８５年の講義をもとにした論文「意志はどれほど自由であるべきか？（How free does the will need to be?）」は、自由意志論争の基本構造を整理しつつ、道徳システムを論争の源泉として取り出すものである。まずウィリアムズは、論争の構造を、従来の「決定論VS自由意志」という構図ではなく、「決定論・行為論・倫理」の三項関係として整理する（MSH 6）。すなわち、問題となるのは、①自然科学が示唆する自然主義的な世界観（先行の要因が自然法則によって現在を決定する）、②人間行為の理論（「意志する」「選択する」「試みる」といった事象を説明する理論）、そして、③人間の倫理的実践（責任・非難の実践）の三項の関係である。そして、①と②については、因果的な世界観においても人間は意志をもって意図的に行為すると言えるのであり、両立する。このように論じたうえでウィリアムズは、問題は①・②と③のあいだの両立関係であると説きおこす。つまり、因果的・自然主義的に説明される行為の理論と、責任・非難実践[13]は、どのように両立するのか。自由意志論争では、じつのところ、これが問題になっている。

ウィリアムズが整理する問題構造を確認しておこう。すでに見たように、自由意志論争の論者たちは、非難実践が成り立つためには自由意志が必要であると論じ、その必要条件を、他行為可能性として分析していたのだった。他行為可能性、つまり、「複数の選択肢があった」＝「じっさいのそれとは他の行為をなしえた」ということが成り立たないと、非難は正当なものではなくなってしまう（MSH 14）。これがいっぽうで、道徳の要請とされている。たほうで、決定論と自然主義的な行為の理論がある。決定論が成り立っている場合、当然のように、「他の行為をなしえた」というのは偽になってしまう。そもそも、「心的原因Aによって行為Bが引き起こされる」といった、（決定論的な世界観と両立する）自然主義的な行為の理論を前提にすると、他行為可能性への疑念が強まる。心的原因Aから行為Bが自然に生じたいじょう、行為B以外の選択肢はなかったのかもしれない。因果の鎖を精緻にたどっていくと、この行為がなされた必然性がほのみえてくる。トラヴィスがそう語ったように、「選択肢などなかった」のではないか。

自然主義的な行為の理論と非難実践の緊張。このように問題を整理するとき、自由意志論争の主要な立場の眼目もわかってくる。非難実践を守ろうとする立場は、「他の行為をなしえた」という理解と自然主義的な行為の理論を調和させようとするか、非難実践のプラグマティックな機能を強調しようとしてきた（MSH 14-5）。つまり、他行為可能性をうまく確保してみせようとするか、あるいは、非難実践は社会統制の手段としていずれにせよ有用なのだから、（他行為可能性がないにせよ）

（12）「自由意志」の概念に着目した道徳批判は、ニーチェにおいて先駆的にみられる（ニーチェ『道徳の系譜』I十三）。ニーチェの議論は、本節での議論とは方向が異なる。しかし、ウィリアムズは、じしんがニーチェの批判の方法を継承していると考えていた。それは、本章全体で示されるような、人間の倫理的実践を自然主義的に理解することで、道徳システムが立てる過大な前提を炙り出すという方法である（「ニーチェの最小主義の道徳心理学（Nietzsche's minimalist moral psychology）」（MSH 65-76））。ウィリアムズとニーチェの自然主義の関係については、渡辺 forthcoming a を参照。

（13）以下では、ウィリアムズに倣い、責任実践のうちでも特に非難実践に即して論じていく。

残すべきだと論じてきた[14]。

ウィリアムズはこのように整理されるような、非難実践を守ろうとする論者のふたつの戦略をどちらも批判する。論者たちは、非難実践を素朴に捉えすぎていないか。非難とはそもそもどのような性質のもので、何が前提とされているのか、あらためて考えてみる必要がある。非難を考えてみると、ふたつのことがわかる。第一に、非難はほとんどの場合、受け手にとって正当だと考えられてこそ機能する（MSH 15）。非難は典型的には、それを受ける側が正当なものと認識してこそ当人の行動を変様させ、社会統制の機能を発揮する。すなわち、非難がほんとうに機能するためには、非難について「社会統制の手段である」という理解を持つだけでは不十分であり、かかる機能的理解とは別に、非難の正当性が理解される必要がある。だから、非難の有用性を語るだけでは、有用性論者たちが重視する当の有用性を担保することができないという構造がある。

第二に、非難はある種のフィクションのうえで機能する部分がある（MSH 16）。非難は「Xをすべきだった」という形をとるが、そのとき「あなたがXをする理由があった（there was a reason for you to do X）」、「あなたにはXをする理由があった（you had a reason to do X）」といったことがどうじに意味されている[15]。このように、非難の受け手に対して、一様にXをする理由を帰属させることは、ある種のフィクションである。というのも、受け手の心や動機を精査するかぎり、当人にとってそのような理由などなかったのかもしれないからである。例えば、パートナーにＤＶをする男がいるとしよう。周囲は、「ＤＶをやめるべきだ」、「あなたにはＤＶをやめる理由がある」と非難する。しかし、この男にとって、DVをやめる理由がほんとうにあるかは定かではない(16)。この男が、どうしようもないほどじぶんの欲望しか考えず、パートナーの尊厳や痛みをいっさい考慮しない人間であるとき、この男にとっての「DVをやめる理由」はないのかもしれない。そこにあるのは、パートナーや周囲の人間にとっての「彼のDVがやんでほしい理由」だけかもしれない。それでもなお、彼の心のありようとは関係なく、われわれは非難せざるをえない。非難がフィクションにもとづくというのは、こうした意味においてである。とはいえ、これは無用のフィクションではない。非難は、その威力をつうじて、理由を持っていなかった人間に対して理由を植えつけることができる。DV男は、DVの時点ではDVをやめる理由を持っていなかったとしても、非難される経験を経て、DVをやめる理由を持つようになることが可能である。その原因は、恐れかもしれないし、反省や倫理的発達かもしれない。いずれにせよ非難は、フィクションをつうじて、理由のアウトサイダーを、理由を共有する倫理共同体へと参入させることができる。非難の機能に注目すると、このよう

(14) 前者の主要な立場としては、他行為可能性を「誘導コントロール（guidance control）」として分析する議論（Fischer & Ravizza 1998）がある。後者の立場としては、帰結主義の議論がある（高崎 2022: 203-5）。

(15) 理由の存在を主張する前者と、理由の所有を主張する後者では、意味合いがやや異なり、当人にとっての理由を指摘する後者の方が強い主張である。「理由を持つ（to have a reason）」という表現は日本語では不自然に響くと思われるので、本章では「あなたには理由がある」と翻訳することで理由の所有のニュアンスをくわえている。

(16) このことは、少なくない読者にとって不明かもしれない。これについては次節の議論において詳しく論じる。

なありようがみえてくる。

理由についてのフィクションによって機能する倫理的実践としての非難。以上のように非難実践を分析するとき、この実践を守ろうとする自由意志論争の論者たちの戦略の問題がみえてくる。とりわけ、他行為可能性の要請は、理由のフィクションを考慮すると疑わしくなる。すなわち、「Aには他の行為をする理由があった」という想定、そしてさらにその前提にある「Aには他の行為ができた」という想定は、ある種のフィクションとして機能している部分がある。理由を共有しない人びと、あるいは、いまだ倫理的理由を知らぬ子どもたち。非難は、こうした一部のひとにとってフィクションではあれ、そのフィクションをつうじて倫理的な共存が可能になっている（MSH 16）。そうであるとすれば、「他の行為をする理由・他行為可能性がなければ非難が成立しない」というのは過剰な理解ではないかという疑いが出てくる。

倫理にとって何がほんとうに必要なのか

非難実践と他行為可能性の関係について、考えなおす必要がある。自由意志論争において、決定論が問題を引き起こすとされるのは、「他行為可能性がじっさいには存在しないかもしれないから」である。自然主義に従って、じっさいに行為者が有している欲求・動機を検討すると、他の行為を選ぶ動機はあまりにも微小なものであったり、存在していなかったりする。なされた行為は、それを自然にもたらした当の行為者の動機の構造を考えると、不可避のように思われてくる。つまり、他の行為を選ぶという因果的な道すじが、リアルな可能性としては残されていないかもしれない。行為者の動機をとおして因果的に行為をたどる自然主義と緊張関係にあるのは、このような意味での「他の行為をじっさいに選ぶ可能性」である。かくして、問われるべきは、このような「他の行為をじっさいに選ぶ可能性」が非難実践において必要とされているかどうかである。

すでに理由のアウトサイダーの議論において、このような可能性がない場合でも非難の眼目があることが示されていた。ウィリアムズは、これの他にも議論を提起している。彼は、行為者が「どうしてもXをするほかない」と考えてXをする事象に注目する。このような事象に注目することで、非難や責任の感覚にとって「他の行為をじっさいに選ぶ可能性」が必須ではないことがわかるからである（MSH 19）。これは、ウィリアムズが、「実践的必然性（practical necessity）」や「道徳的不能性（moral incapacity）」と呼ぶ事象である[17]（ML 124）。ひとは、その生のありよう・プロジェクトに応じて、どうしてもできないこと、どうしてもするほかないことが現れることがある。以下のような典型的な事例を考えてみよう。

リベラルの投票

ナオミは筋金入りのリベラルである。この度、ナオミが居住する国で大統領選挙が行われること

（17）これは、本書第一章の序論で確認した「必然性」のことである。

になった。ふたりの有力候補がいる。ひとりはリベラルであり、いまひとりは極度の人種差別主義者である。後者への抗議運動に深くコミットしてきたナオミは、もはや考えることもなく、リベラルの候補者に投票した。

リベラルのナオミにとって、差別主義者への投票はじっさいのところ可能ではないだろう。すくなくとも、意図的にそのような選択をする余地は、ナオミには残されていない（MSH 18-9）。ナオミのひととなり・プロジェクト・動機を前提にしたとき、ナオミがじっさいに他なる行為をたどる可能性は残されていない。つまり、（他の行為を選ぶいっさいの動機が欠けているのだから）自然主義的な描像において、他の行為をじっさいに選ぶ可能性がない状況なのである。

　だからといって、ナオミがじしんの行為について責任を持てないわけではない。むしろ、こうした必然性・不能性は、当人の欲求・プロジェクト・生の目的のゆたかな表現であり、行為者はそれについて実質的な責任を感じるだろう。例えば、ゴーギャンがこのような実践的必然性によってタヒチへと渡ったとしても、彼じしんも責任を感じることができるし、周囲も彼を非難することができるように思われる。かくして、行為者も周囲も、このような必然的な行為について「責任のない行為」とか「欠陥のある行為」とは考えない。だとすれば、やはり、非難の必要条件として「他の行為をじっさいに選ぶ可能性」を求めるのは過剰だという疑念が強まるだろう。

　ここに至って問題は、非難実践の理解に帰着すると思われる。いっぽうで、道徳システム的な非難の捉え方がある。それは、非難実践に対して「他の行為を選ぶ可能性がじっさいに開かれていること」を要求する。行為者の欲求・動機を前提して他の行為ができないとき（自然主義的な描像において他の行為ができないとき）、非難することは許されない。あるいは、道徳システムは、理由についても同様の要求をする。「他の行為をする理由がじっさいに行為者に存在しなければ、非難をしてはならない」。その要求に従えば、アウトサイダー、（ゴーギャンやトラヴィスのような）必然性に従う行為者への非難は許されないだろう。かくして、道徳システム的な理解を前提にするかぎり、決定論・自然主義と、非難実践は対立する。たほうで、しかし、より穏健な非難の捉え方が存在するように思われる。それは、非難について、以上のような条件を要求しない。むしろ、因果的な理解のうちで他の行為を選ぶ可能性がなくても、非難や責任の実践が可能であると考える。非難は、一種のフィクションにもとづいており、アウトサイダーや必然性に従う行為者にそれを加えることは可能だし、それを加える実践的な眼目が存在すると考える。自然主義的な説明と相容れず懐疑論をもたらす非難の捉え方（道徳システムの非難理解[18]）を取るか、その説明と両立する捉え方を取るか。非難実践をリアルなものとして扱おうとするかぎり、答えは明らかなように思われる。かくして、ウィリアムズの筋みちが正当なものだとすれば、自由意志論争はそのほとんどが道徳システム的な非難理解に囚われたものであるとわかる。その解決に必要なのは、道徳の理解にもとづいた「自由意志」を難解な道具立てによって擁護することよりも、むしろ、非難実践のありようを見つめなおすことであろう[19]。

非難を理由から捉え返すことで、ひとの意志はその実践を成り立たせるほどにはじゅうぶんに自由であることがわかる。とはいえ、非難実践において機能している「理由」とはじっさいのところ、どのようなものなのか。ここまでの記述では詳しくはわかっていない。理由の共有による共存といった営みをよりリアルに把握するためにも、われわれは理由の概念をきちんと検討する必要がある。次節では、理由についてのウィリアムズの思考を確認し、そのあとでふたたび非難と道徳システムについて立ち戻ることにしよう。

3 理由、説得、非難

理由は主観的動機によって理解される

非難の実践を考えるとき、理由の概念が鍵になることを指摘しておいた。すなわち、「Xをすべきだった」という非難において、「あなたにはXをする理由がある」と示唆することをつうじて、相手を理由の共同体へと誘うことができる。つまり、人びとが倫理的に行為する理由を共有することで、共存が促進される。共存のための、説得の言葉としての理由。これが倫理的に重要になる。本節全体で示すように、ウィリアムズはこのように説得と倫理的共存という側面から理由概念に接近し、その哲学的な理解を検討した。ウィリアムズによる、かかる理由概念へのアプローチは、現代倫理学のひとつの震源地となった。

いまや倫理学の古典とされている論文「内的理由と外的理由（Internal and External Reasons）」（1980年）においてウィリアムズは、「理由」に関するある立場を擁護した。すなわち、「Aには

（18）このような捉え方の最も典型的なものは、ゲーレン・ストローソンの議論にみられる。彼は、論文「道徳的責任の不可能性（The impossibility of moral responsibility）」において、道徳的責任は実のところ不可能であると論じた（Strawson 1994）。それによれば、「真に道徳的に責任がある（truly morally responsible）」と言えるためには、ひとは自由にその行為を選択している必要がある。とはいえ、自由を担保するには、その自由な選択自身も自由に選択する必要があり、結局は無限遡行するのであり、ひとが自己原因のようなものでないと「真に道徳的に責任がある」とは言えなくなってしまう。この「基本論証（Basic Argument）」には明らかに、道徳システムの思考が現れている。

（19）ウィリアムズじしんは非難実践についてはアンビヴァレントな見解を有していた。彼は、それを擁護しようとする論者たちが誤った「擁護」に終始していることを批判したものの、非難実践をとりたてて強調したり、まるでそれが自己充足的に成り立つかのように捉えたりすることを、道徳システムに特徴的な誤解だと考えていた（MSH 15）。まず、非難は、アウトサイダーたちを理由の共同体へと参入させる威力を持っていても、それがほんとうに威力たりうるためには、非難以外の力を必要とする（MSH 16）。典型的には、愛や承認がなければ、非難が理由を構成する力は乏しいだろう。このあとでみるように、愛するひと、じぶんを承認してほしいひと、こういった人びとに非難されてこそ、非難は事後的に「そうすべきでなかった理由」を構成するだろう。つまり、非難をそれだけで充足した実践として捉えることは、非難の実相を見失う。さらに、このような支えを必要とする非難実践の機能は、その威力の主要な淵源だった神学的な権威が失われるなかで弱まらざるをえない（非難と神学的な権威の問題は、アンスコムの「現代道徳哲学」（アンスコム 2021）の中心的な論点であると鴻は論じている（鴻 2022））。非難が実効的に機能するかは疑わしくなりつつあり（ELP 215）、われわれは非難以外の倫理実践に目を向けるべきなのかもしれない。

Xをする理由がある（A has a reason to X）」ということが真であるためには、XをすることがAの主観的動機（subjective motivational set）に適っている必要がある、という立場である。「あなたにはXをする理由がある」という非難・説得の言葉をただしく語るためには、その行為が相手の主観的動機に適っている必要がある。これは「理由」を主観的な動機（当人に内在的な要素）から理解する立場であり、「理由の内在主義（reason internalism）」と呼ばれる（ML 101）。しかし、この理解は、不安を引き起こすものでもある。というのも、道徳的な非難が典型的であるように、「あなたにはXをする理由がある」と語るからといって、当人の主観的動機を考えているわけではないようにも思われるからである。前節での理由のアウトサイダー（DV男）の説明においてなにか引っかかりを感じたとすれば、それは、理由についての外在主義（externalism）を取っていたからかもしれない。そこでの説明は内在主義を前提していたのである。ここにおいて外在主義とは、XをすることがAの主観的動機に適っていなくても、「AにはXをする理由がある」ということが真になる、という立場である。

　ウィリアムズの議論を、彼じしんによる後年の文献での補足も踏まえつつ、[20] 以下に要約しよう。彼の議論は、①内在主義の提示、②内在主義の洗練、③外在主義の棄却、の三段階からなる。

① 内在主義の提示——説明性条件

　理由の概念を考えてみると、まず、行為の説明という要素が必要になる。すなわち、「AにはXをする理由がある」と言うとき、その理由は、AがじっさいにXをすることの説明になる必要がある（ML 102; MSH 38-9; Williams 2001: 93）。行為の理由という概念は、「なぜそのように行為したのか」ということの説明にならないといけない。ここから出てくるのが、「AにはXをする理由がある」とただしく語るためには、「Aがその理由にもとづいてじっさいにXをすること」が可能でなければならないという条件である。[21]「渡辺には目の前のグラスの液体をトニックと混ぜて飲む理由がある」と語るためには、渡辺が目の前の液体をトニックと混ぜて飲むことが可能でなければならず、じっさいにそのように行為したとき、渡辺の行為が挙げられた理由によって説明可能である必要がある。そのように行為することがそもそも不可能だったり、説明がうまくできなかったりする場合は、理由を語ることができない。

このように、「理由が行為の説明になる」という条件を考慮すると、内在主義は理由の自然な説明として浮かびあがる。というのも、じっさいに起きうる行為の説明としては、行為者の主観的動機にうったえるのが自然だからである。渡辺が目の前の液体をトニックと混ぜて飲みたいという事実こそ、渡辺がじっさいにそれを飲むことの説明となる。また、そのような主観的動機があってこそ、渡辺がじっさいに飲むことが可能であるだろう。このようにして、じっさいの行為を説明するものとして理由があり、それは行為者の動機についての事実によって説明されるだろう。すなわち、

（20）かくして、元論文の議論の構成とはやや異なる部分がある。
（21）これは、現代の文献では「説明的要請（Explanatory Constraint）」とも呼ばれる（Paakkunainen 2018: 2）。

「AにはXをする理由があると言えるためには、XをすることがAの主観的動機をなんらか満たさなければならない」という、内在主義の原始的なテーゼが導出される。

② 内在主義の洗練――合理性条件

しかし、この原始的なテーゼだけだと、問題が生じる。というのも、理由は説明の次元だけでなく、「合理性（rationality）」の次元とも関わっているからである（ML 102-3）。「AにはXをする理由がある」と語るとき、その理由は合理的な行為の説明となっている必要がある。例えば、渡辺は目の前の液体をジンだと信じて飲みたいと思っているが、じっさいのところそれは（とんでもないことに）ガソリンだとしよう。渡辺は鼻の調子が悪いために臭いに気づかず、ガソリンをジンだと思い込んでいる。このとき、「渡辺が目の前の液体を飲みたい」という事実は、渡辺がそれをじっさいに飲む事態（そして驚いてその液体を吐き出す事態）を説明するかもしれないが、説明された行動は合理的なものではない。渡辺がほんとうに飲みたいのはジントニックであり、ガソリントニックではない。かくして、合理的な説明をおこなうためには、原始的なテーゼについて、「その主観的動機が偽の信念にもとづいていないときに限る」といった修正をすることが必要になる。

　理由についてのかかる合理性の次元を説明するために、内在主義は以下のように洗練される。すなわち、「AにはXをする理由があると言えるためには、XをすることがAの主観的動機に適うとわかるような、なんらかの健全な熟慮の理路（a sound deliberative route）がなければならない」（ML

104; Williams 2001: 91)[22]。「健全な熟慮の理路がある」というのは、ひらたく言えば、「ちゃんと考えれば（健全に熟慮すれば）、主観的動機に適っている」ということである。ガソリントニックを飲むことに関しては、それを飲むことが渡辺の動機に適うような健全な熟慮の理路が存在しない。事実をかんがみて熟慮すればそれを飲みたいとは思わない代物だからである。かくして、「偽の信念にもとづいていないこと」をはじめとするような、健全な熟慮という条件を加えることで内在主義は、理由の合理性も説明できるようになる[23]。

③ 外在主義の棄却——理由の語りの特質

ここまで理由の内在主義を洗練させてきたものの、理由が外在主義的に語られることがあるというのも事実である。つまり、「AにはXをする理由がある」と語りながら、Aの主観的動機を考慮

(22) これは、現代の文献では「熟慮的要請（Deliberative Constraint）」とも呼ばれる（Paakkunainen 2018: 11）。

(23) この「健全な熟慮」が何を含むかについては、多様性と本質的な不確定性がある（ML 104, 110; MSH 38; Williams 2001: 91）。「じぶんの欲求を満たすのに最も良い方法はなんだろう」と熟慮すること（手段－目的の推論と呼ばれる）もあれば、「今夜はどう過ごそう」というような、よりクリエイティブな熟慮もある。あるいは、じぶんの行動計画を立てるような熟慮や、ゴーギャンのような「じぶんにとって最も大事なもの」を考える人生の選択の熟慮もある。重要なのは、このような熟慮に入るとき、行為者は、「私の欲求を満たすためにはどうすればよいか」とじぶんの欲求をいちいち意識する必要がないという点である。

していないように思われるケースがある。ウィリアムズはヘンリー・ジェイムズの小説に出るオーウェン・ウィングレイヴの例を出す（ML 106）。ウィングレイヴ家は代々軍人の家系であり、それを誇っている。家の人びとは、オーウェンにも軍人になるよう説得しようとするのだが、当人は戦争と軍隊を憎んでおり、軍人になる動機が完全に存在しない。このとき、家族はそれを知りながらも、「ウィングレイヴ家の人間なのだから、お前には軍人になる理由がある」と語るとすれば、ここでは外在主義的に理解された「理由」が語られていることになる。これが意味をなすのはどのような状況だろうか。

　理由はじっさいに起きうる行為を説明しなければならないのだから、「ウィングレイヴ家の人間である」という事実によって、オーウェンがじっさいに軍人になる事態が説明できる必要がある。つまり、理由を語られることによって軍人になるように動機づけられる事態を説明する必要がある。ここでの説明として、「ウィングレイヴ家の人間である」という事実を反省することが、オーウェンのなんらかの主観的動機を呼び覚ますケースが自然に考えられるが、このようなケースは、定義上、内在主義的なものである。熟慮によって主観的動機に適うというのは、内在主義の説明であった。よって、外在主義はせいぜい、「ちゃんと考えれば、元の動機とはいっさい関係なく、Xをするように動機づけられる」と主張するほかないのだが、これは問題である（ML 109）。というのも、内在主義を否定するいじょう、熟慮によってXをする動機へと到達する主観的動機は存在しないことになっているからである。かくて、外在主義は、説明性条件に反してしまう[24]。

このように、それが内在主義的理由の一種でない場合、外在主義的理由を理に適ったしかたで語ることは困難なように思われる。このことは、特に、他の語りと区別される理由の語りの特質を考えてみると明らかになる(ML 110)。オーウェンに対して、周りはいろいろ語ることができる。「臆病者」、「馬鹿」、「非国民」……。これらのさまざまな語りは、周りがオーウェンに対して持っている要望(「ちゃんと考えてくれ!」)を表現しているかもしれないが、「オーウェンには軍人になる理由がある(Owen *has* a reason to join the army)」という理由の語りが意味するような、オーウェンそのひとにとっての理由を表現するものではない(WME 192; Williams 2001: 96)。外在主義的理由は、かくして、当人の主観的動機を度外視することによって、行為の理由の語りの特質となっている「当人性」(個別性)を取りこぼしてしまうのである。[25] そのように取りこぼすとき、外在主義的な理由の語りは、理由の語りではなく、むしろ他の語りと同化してしまっているだろう。それは、楽観的な理由の語り(「オーウェンはよく考えれば軍人になる動機がある」)でないとすれば、語り手の願望や価値観の表明

(24) 例えば、「お前には軍人になる理由がある」と語ると同時にオーウェンを洗脳する投薬を行うといったかたちで、オーウェンに新たな動機を植えつけることは可能だが、これはむろん理由の合理性条件に反してしまう。

(25) マクダウェルは、「有徳であったならば(当人の動機と関係なく)Xをする理由がある」という外在主義的理由を指摘したが、これは理由の語りの「当人性」を取りこぼすとウィリアムズは論じている(WME 186-192)。有徳性の代わりに実践理性とか社会的・文化的理由(e.g. 日本人であるならば)を挙げる外在主義アプローチも同じしかたで退けられる(Williams 2001: 93-5)。

（「軍人になってほしい」、「軍人になるのは大事だ」）でしかないだろう。語り手じしんの願望の吐露に過ぎないものを、受け手の理由として語ることは、「ブラフ」のようなものである（ML 111）。

以上のように、ウィリアムズは理由の本性を検討することをつうじて、それを主観的動機によって理解する内在主義を擁護した。理由と個人の主観的動機を結びつける理解は、しかし、ある種の衝撃をもって受け止められることとなった。ウィリアムズの論文以降、理由の本性をめぐる分析が増えつづけており、「あらゆる規範性は根本的には理由によって分析される」という「理由中心主義」という立場すら出てきている。同時に、外在主義VS内在主義の論争も蓄積されつづけてきた。論争のひとつのモチベーションとなってきたのは、理由が内在主義的に理解される場合、「道徳的に行為する理由」についてのアナーキーが出現してしまうという懸念である。主観的動機のありようによっては、道徳的に行為する理由が存在しないひとがいるのかもしれない。これはすくなくとも道徳にとっては危険な言説である。トラヴィスのような人間の存在を認めてしまうことになるのではないか。ウィリアムズであれば、問題はそれが事実であることによって存する、と答えるだろう。じっさいのところ、道徳に従う理由を持たぬ者、あるいは、反道徳的に行為するほかない者がいるのであって、それは運にもとづく平凡な事実である（MSH 17）。われわれはその事実から出発してうまく共存していくほかないのであって、なんらかの哲学的論証によって、外在主義的理由をトラヴィスやゴーギャンに貼りつけたとしても、共存はもたらされないだろう（WME 216）。この思考については、本章の最後に立ち戻ることになる。

理由と説得の理論

「理由」は、現状の倫理学において最も注目されている概念であることは間違いない。とはいえ、その議論のほとんどは、ウィリアムズのそもそもの問題関心からすれば、いずれにせよ手に余ることも確かだ。理由中心主義といった規範性の分析は、ウィリアムズの議論とはあまり関係がない。理由に関する思考において、ウィリアムズの問題関心にあったのは、倫理の技法としての説得や非難であった。[26]「あなたには理由がある」と語るとき、発話者はそのひとをなんとか説得しようとしている。[27] あるいは、発話者はそのとき、「私があなただったらこうする」という助言を行っている（MSH 36）。理由を語ることには、このような説得や助言の機能がある。そしてこれは、共存のため

（26）ウィリアムズの内在主義について論じた鴻も各所で同様の指摘を行っている（鴻 2015: 175; 鴻 2016: 39）。

（27）理由の語りは、一人称的というよりは、本質的に二人称的であると言える。じっさい、じぶんにとって理由があることを行うとき、ほとんどの行為者は「じぶんにはこれを行う理由がある」といちいち語る必要がない（ウィリアムズが出す理由言明の例も、いずれも他者に対して語るものである）。じぶんを相手に対話するような場面、他者への弁明が必要な場面を除けば、ひとは黙してただ行動する。それどころか、求められてもいないのに、わざわざ「じぶんにはこれを行う理由がある」と語る必要があるとすれば、そこになんらかの欺瞞の匂いを感じとることすら可能である。「おまえは以前、自分が旅立つことはないと書いてきた。その際おまえは、旅立たない理由を長々と述べた。それでわたしは、これはきっと旅立ってしまうぞと覚悟していたのだった」（コンスタン『アドルフ』第七章：邦訳 102）。

の、倫理の技法である。というのも、かかる説得や助言によって、ひとは後悔したり、じぶんにとって大事なことに気づいたりして、変容していくからである。

とはいえ、この説得のプロセスに対しては、プラトン的な疑念が生じる。つまり説得をつうじてひとを変容させるというのは、ある種の強制なのではないか。プラトンは、レトリックによって対話者を説得するソフィスト的な技術を警戒し、それに理性・哲学を対置した(28)。プラトン的な二分法の是非はともかく、説得をなんでも許容することに対しては警戒が必要である。レトリックだけではない。洗脳、操作、パターナリズム、騙し、脅迫、暴力、権力－知（pouvoir-savoir）、監視と処罰による条件づけ。ありとあらゆる強制の装置が存在し、「説得」を標榜しようとする。だからこそわれわれは、具体的な説得のよしあしを判断するための「説得の理論（a theory of persuasion）」を必要とする。これはいかなるものなのか。そして、この説得の理論の思考は、非難実践とはどのように関わるのか。ウィリアムズの理由に関する議論は、かくして、説得と非難をめぐる思考へと展開されていった。その展開の重要な一例として、論文「価値、理由、説得（Values, Reasons, Persuasion）」（１９９６年）を確認しておこう。

すでにみたように、理由の語りにおいて、偽の信念による理由を排除するために、「健全な熟慮」という条件が要請されていた。ジントニックの代わりにガソリントニックを飲みたくないように、あらゆる合理的な行為者には、誤った情報によって失敗したくないという欲求がそなわっていると言える（PHD 111）。「合理的行為者は間違いを避ける」というのは穏当な理解だろう。じっさい、ひとを説得する場面において、「当人は偽の信念によって行為したくないはずだ」と想定して理由を語ることができる。だから、偽の信念によって行動しようとしているひとに対して、「ちゃんと事実を考えれば、そうしない理由がある」と説得することは穏当であり、強制やパターナリズムではないと言える。このように、理由を語るさいには、「当人がちゃんと考えればXをする動機に行き着く」というかたちで、当人に寄り添いつつも説得しようとする「規範的な矯正（normative correction）」の可能性が与えられている（PHD 111）。健全な熟慮の次元を検討することによって、内在主義にとどまりつつ、説得の理論を構築することができるのではないか。

しかし、このような健全な熟慮の基準の設定に関しては、ある種のジレンマがある。いっぽうで、熟慮の基準がなんらかの客観的な合理的なプロセスによって決定されるとすれば、理由を語るときに当人の主観的動機が最も重要であるという内在主義のポイントが消えてしまう（PHD 112-3）。じっさいのところ、客観的な合理的プロセスを経ても運悪く主観的動機が満たされないこともあるし、それを経なくても満たされるケースはいくらでもあるのだから、熟慮の基準を客観的プロセスによって固定するのは強すぎる（PHD 113）。たほうで、熟慮の基準が弱すぎる場合、他者がパターナリスティックに介入してそのひとの主観的動機を変容してしまうような事例も許容されてしまう

（28）ソフィスト的な言論による説得に対するプラトン的な言論による真理の探究という区別については、納富信留『ソフィストとは誰か』（納富 2015: 第一部第三章）を参照のこと。

ことになる（PHD 115）。客観的なプロセスへの完全な同定と、洗脳のあいだを目指して、説得の理論はつくられる必要がある。

そこで、ウィリアムズは、他者に寄り添って助言を行う「熟慮的助言（deliberative assistance）」のモーメントを検討し、それについてふたつの必要条件を析出させる。第一に、助言は誠実である必要がある（PHD 115）。すなわち、嘘のない真実を伝えつつ、当人が真実を発見するのを助ける必要がある。第二に、助言者は相手に真摯に向き合う必要があり、当人に対して隠された目的を有していてはならない。すなわち、助言者は、説得しようとする当人の主観的動機をなるべく理解する必要がある。すなわち、当人とのあいだでその動機の理解に関して対立があれば、適切な説明を行う必要がある。助言が適切なものとなるために、少なくともこれら二点を満たす必要がある。

重要なのは、このように適切なしかたで助言が行われるとき、当人がまったく気づいていなかった、じしんの動機に気づくということがありうるという事実である（PHD 116）。そのひとは、助言の思慮深さと含蓄に感激し、新しいしかたでみずからの動機を見つめなおすかもしれない。つまり、適切に制約を受けた助言は、創造的なプロセスでもある。

このように助言・説得への制約を設けることで、強制や操作ではないような熟慮の基準を考えることができる。これはふたつの教訓を有するだろう。第一に、説得はたんなる強制ではなく、熟慮の一種（集合的な熟慮）でありうる。説得を強制とみなし、純粋に合理的な意思決定プロセス（アルゴリズム）を探そうとするプラトン的な想定に反して、われわれは適切な説得の理論を考えることができる（PHD 117）。助言・説得は、じっさいのところ、個人と他者が交わる重要な倫理的技法である、このことを忘れてはならない。第二に、説得の理論の重要性を考えることで、外在主義の問題がふたたび顕わになる（PHD 118）。外在主義的に理由を語る者は、助言・説得において、当人の主観的動機を理解する必要がないとされている。このような助言・説得はどうしても強制的にならざるをえない。かくして、内在主義的に理由を理解することによってこそ、説得の理論を適切に検討する必要性へと誘われるのだとわかる。外在主義は説得の理論の問題を、どうしても置き去りにしてしまう。

非難、ふたたび——理由、説得、道徳システム

ここまで、理由の内在主義から、倫理の技法としての説得の条件（説得の理論）を考えてきた。説得の理論を構築するにあたって、倫理学者はひとつの可能性へと誘われる。すなわち、「健全な熟慮というものには道徳的な制約が含まれる」という可能性である（MSH 36）。健全な熟慮によって偽なる信念を修正すべきように、健全な熟慮によって反道徳的な信念を修正すべきなのではないか。そうだとすれば、理由の構造には道徳への道すじが含まれていることになる。あらゆる合理的行為者が真なる信念に基づいて行為する動機を持つように、あらゆる合理的行為者は道徳的に行為する動機を持つ。これを哲学的に論証することで「Why be Moral?（なぜひとは道徳的であるべきなのか）」の問題は答えられたとする哲学者もいるかもしれない。しかし、たとえこのように哲学的な問題が

「解決」されたとしても、現実の倫理的問題は残るだろう。よしんばそのような（哲学者が想定する）主観的動機がひとの奥深くに存在するとしても、それはしばしば現れないし、多くの場合、より現実的な動機（それが道徳的であれ反道徳的であれ）によって圧倒されるからである。よりリアリスティックに人間の動機を捉えつつ、倫理的共存の可能性を探る必要があるように思われる。

ここにおいてふたたび、われわれは非難の問題系へと戻ってくる。人間は反倫理的な動機によって動かされることがあるし、しばしばひとの期待を裏切って行為してしまう――この事実を踏まえたとき、われわれは非難による倫理的共存の可能性へと目を向けざるをえない。ひとが反倫理的な動機によって動かされるとき、われわれはその行為を非難する。このような非難が有する倫理的な威力を考える必要がある。理由と説得に関するここまでの思考を踏まえて非難を検討したのが、論文「内的理由と非難のあいまいさ（Internal reasons and the obscurity of blame）」（１９８９年）である。本章の最後に、ウィリアムズの非難論の到達点をたどっておこう。

ウィリアムズによれば、非難の営みは、他者への助言・説得とパラレルに考えられるべきである（MSH 40）。「Xをすべきだった（You *ought* to have done X）」という非難は、「Xをすることができた（You *could* have done X）」と必然的に関係しているとされる（第一章でも扱った「べしはできるを含んでいるの原理（*ought* implies *can* principle）」と同じである）。つまり、他者を非難して、すべきだった行為を提示するとき、その行為が可能でないといけない。[29] これは、助言・説得のモードと同じである。というのも、「あなたはXをすべきだ」という助言・説得は、そのXが当人にとって可能でなければ意味をなさないからである。さらに、すでにみたように、助言・説得は理由（「あなたにはXをする理由がある」）と関わるのだったが、これは非難においても同様である。かくして、非難も理由に言及する説得の一種であるということが理解される。

ここまでで論じてきたことを踏まえると、非難について以下のことがわかる。すなわちわれわれは、非難をつうじて他者を説得しようとするが、その説得は、内在主義的に理解された理由――受け手の主観的動機――に言及することにおいて適切に行われるはずである。だとすれば、非難は、このような意味で、説得の理論によるテストをパスすることができるのだろうか――これが問われるはずである。もし非難が外在主義的な理由を示しているに過ぎなければ（つまり相手の主観的動機を度外視していれば）、あるいは、非難による理由への介入があまりにも操作的なものだとすれば、それは強制や洗脳に過ぎないものとして理解されることになる。

まずわかるのは、非難は多くの場合、当人の主観的動機に適ったものである（MSH 41）。愛する相手を傷つけてしまった。大事な仲間の信頼を裏切ってしまった。このようなとき、「そうしない理由があった」という非難は、当人の主観的動機をただしく言い当てている。

こうした通常のケースを除くと、すべきとされる行為が当人の主観的動機には適うものの、それ

（29）この原理が自己非難の場面で成り立つかは疑わしい。行為者後悔の事例にみられるように、不可能だった行為について後悔することが可能である。

よりも強い理由・動機によって異なる行為をしたケースがある。大事な仲間の信頼を裏切ったかもしれないが、愛するひとを優先せざるをえなかった。あるいは、もっとハードなものでは、行為の時点ではそのように行為する主観的動機が存在しなかったケースというのもありうる。それよりも強い理由をもった行為があった、あるいは、その行為をする理由（主観的動機）がなかった――こういったケースにおいて、そのひとを非難することは意味をなすのだろうか。前節で紹介したような「自由意志」を重視する道徳システムの考え方によれば、こうした場面で当人を非難することはできないようにも思われる。当人の行為をもたらす主観的動機を前提して考えれば、当人が倫理的に行為することはできなかったと言えてしまうからである。

ウィリアムズは、しかし、そういったケースにおいても非難が意味をなすと論じる（MSH 41-2）。というのも、非難は自己成就的に（proleptically）機能することができるからである。非難が自己成就的に機能するとは、「Xをする理由があった」という非難を加えることによって、遡及的にそのような理由を構成する（非難以後にそのような理由を構成する）事態のことである。例えば、愛するひと、尊敬するひとに非難されるとき、このようなことが起きる。そのひとに承認されたいと感じている人物から非難されるとき、遡及的に動機が芽生えてくる。私はなんという失敗を犯してしまったのだ――大事なひとから非難されることで、「私はXをすべきだった・Xをする理由があったのだ」と遡及的に動機が芽生えてくる。かくして、承認への欲求から、非難が自己成就的に機能するとき、説得とパラレルな事態が起きると言える。説得が創造的なプロセスでありえたように、非難も新たな動機を構成することができる。

前節でみた、理由のアウトサイダーの取り込みとは、この自己成就的な非難のことである。非難を受ける者は、じっさいのところは、行為の時点でそうする動機と理由を持っていないのかもしれない。他人の心や動機は不明なことが多いのだから、非難をする側にとって、相手が理由のアウトサイダーかどうかはわからない（MSH 43）。それでも、われわれは相手を正しく行為する理由があったひととして扱い――健全に熟慮すれば倫理的に行為する主観的動機があったひととして扱い――非難する。この扱いと非難の威力をとおして、じっさいに倫理的な共存が促進される構造がある。理由の語りをとおして説得するという構造が、非難の営みにも現れている。そして、前節においてフィクションと名指されていたのは、まさしくこの説得の構造である。

むろん、この理由のフィクション――理由の語りによる説得の構造――が機能しない事態もありうる。他者の愛や承認をいっさい求めず、他者の権威をいっさいみとめない人物がいるとしよう。そのようなひとにとって、自己成就的な非難や説得などというものは通用しない。そのようなひとの主観的動機からは、どのような理路を経たとしても、倫理的に行為する理由へと至ることはない（MSH 43）。このような、じじつ存在するように思われる人物については、われわれはもはや非難や説得をおこなわないだろう。ストローソンが語るように、この人物と「格闘することはあるにせよ口論することはありえない」（ストローソン 2010: 47）だろう。[30] 理由の語りによる動機の生成（理由の共同体への取り込み）がいっさい不可能な相手に対しては、非難の眼目はもはやない。

以上の議論をまとめれば、非難とはある種の説得の技法であり、その技法が機能するありようは、理由を主観的動機から理解することでヴィヴィッドにわかる、ということになる。理由を外在主義的に理解してしまうとすれば――当人の主観的動機を考慮しないとすれば――非難の語りは一様に拒絶の表明でしかなくなってしまう（MSH 43-4）。それは、当人による理由の承認を求める説得の語りでありえず、たんに「この愚か者め」といった拒絶、あるいはせいぜい「われわれのように考えるのが正しい」といった価値観の独断的表明でしかなくなってしまう。非難が説得として倫理的に機能することを見とおすには、理由の内在主義的な理解が必要になる。

このことは道徳システムの批判にとって重要である。というのも、ひとたび、理由の語りにもとづく説得の技法として非難を理解してしまえば、それが機能するために自由意志のフィクションは必要ないのだ、と再確認できるからである。当人の主観的動機からすれば、もっと強い理由を持った行為が存在したのかもしれない。ある意味で、そのような強い理由による行為は、因果的に決定されたものだったかもしれない。あるいは、そもそも、そのひとの主観的動機には、われわれがのぞむ行為へと導くものがなかったのかもしれない。すくなくとも、当人はそのように信じていたのだろう。そうだとしても、しかし、われわれはそのひとを非難すべき眼目を有している。その非難は、かすかな動機に賭けた希望の表現かもしれないし、あるいはそのひとのうちにわれわれがのぞむような動機を承認してほしいという表現かもしれない。いずれにせよわれわれは、理由の語りと非難の語りによって、そのひとをなんらか説得しようとする。このような倫理的技法のリアリティをいっさい度外視して、「じっさいにその行為を選べなかったのであれば非難することができない」と主張するのは、過剰である。その過剰性は、非難の営みを適切に理解しようとする試みではありえず、「当人のコントロールのうちにあるものしか非難してはならない」という、運を排除する道徳システムの理想のあらわれでしかないだろう。

かくして、ウィリアムズは、人びとの生と共存を内側から駆動する倫理のリアリティに光を当てることによって、道徳を批判したのである。この批判をつうじてあらわになったのは、本章全体でみてきたような倫理の複雑な諸相であるとともに、道徳の特異な理想である。「生の評価は事前に決まっている」、「責任と非難が可能なのは、当人のコントロールのうちにあるものだけである」、こういった道徳の思考は、じつのところ、ひとつの理想へと収斂している。すなわち、人間存在は究極のところ正義にかなったものでありうるという理想（the ideal that human existence can be ultimately just）である（ELP 217）。誰しもが、道徳に従って生きることで、ひとしく救われることができる――このような理想が確保されるように、道徳的諸価値は組み立てられている。なるほど、事前の合理性や自由意志といった道徳の装置とは、誰もが、そのありようや環境によらず、平等にアクセ

（30）ストローソンは、「自由と怒り（Freedom and resentment）」において、このような存在に対してひとは「客体への態度（objective attitude）」を向けるのであり、そうした存在は責任実践・非難実践の外部にあると論じた（ストローソン 2010）。倫理的共同体の「反応的態度（reactive attitude）」から非難を理解して道徳システム的な自由意志理解を批判するストローソンの議論は、ウィリアムズの路線と同じ方向にある。

スできるところの免罪符である。しかし、この道徳の理想は、本章で論じたように、倫理のリアリティから目をそむけることによって成り立つものでしかないいじょう、ある種の弱さの表現——弱き者の祈り——でしかありえない。われわれは、現実の闘争へと向かうためには、あの祈る手を切りとらなければならない。

結論

本章では、ウィリアムズの道徳批判をみてきた。それは運についての思考から出発していた。トラヴィスの人生がそうであったように、運はひとの生に決定的なしかたでまとわりついている。しかし、近代道徳は、この運のリアリティを前にしてまごつき、特異な思考の枠組みをつくりだしてしまう。すなわち、ひとの生や行為の評価において運の影響を排除するような一連の道徳の思考のネットワークを構成する。それは、例えば、「他の行為がじっさいにできなければ他者を非難することはできない」といった条件を要求するのだった。そのような条件がなければ、ただしい生やただしい行為について運の影響があること——各人がコントロールできる範囲で「ただしさ」に平等にアクセスできないこと——になってしまうからである。ウィリアムズはしかし、このように運を排除しようとする道徳の枠組みに抵抗する。その抵抗の方法は、ひとの生や行為の評価の営みに深く沈潜し、それらが運とまじわりつつも倫理的に機能するリアリティを描くことであった。後悔の感情、実践的必然性、理由の語り。これらの現象を見つめなおすことで、運のまとわりつく世界のなかで人びとが互いの価値とプロジェクトをすり合わせて共存しているさまを真摯に理解することができ、ひとがリスクを取りながらもみずからの生をかたちづくる可能性をひらくことができる。

すくなくとも人びとの動機と行為に関しては、運がまとわりついていることは確かだ。トラヴィスの生が典型的であるように、ひとはたまたまそのようにしたいと思って生きているし、ひとの生のゆくすえは見とおしがたい。この凡庸な事実のうえにたって人びとは共存の技法をつくってきたのであり、哲学は、そのリアリティに寄り添って倫理を考えていく必要がある。理由を動機から理解すること、非難を説得の技法として理解して自由意志のフィクションを疑うこと——これらは倫理のリアリティに寄り添った哲学的思考の実例であった。そして、説得の技法のよしあしを評価する理論をかんがえること——これは、かかる哲学的思考のもとで試みられた倫理学であった。

第四章

政治はいかに倫理の問題となるのか

政治的リアリズム

序論　敗北のあとで

彼は紫の房飾りをつけた新品の鉄パイプを握って、十七日に安田講堂に現れた。足元は新品のバスケットシューズで、頭にはこれも新品の黒のオートバイ用ヘルメットをかぶっていた。たしか、新品のジャンパーにジーパンかなにかを着ていたと思うが、それは定かではない。ヘルメットには白いペンキで「薬共闘」と書いていた。「責任者はこちらと聞いたので、伺いました。薬学の長田です。どこでも闘います。どこに行きますか」と直立の姿勢で、彼は志願兵であると申告した。私も、そのときいっしょに部屋にいた連中も、一様に彼の真新しい姿に驚いた（島泰三『安田講堂 1968-1969』209）。

このドン・キホーテめいた人物は、1969年1月17日――全学バリケード封鎖解除のため機動隊が包囲戦を開始する日の前日――に、安田講堂に現れた。状況は敗北と弾圧が容易に予想されるものであって、じじつ、革マル派をはじめとする多くの学生たちは、この人物と入れ替わるように、構内から退避していた。次の日の午前5時には「すべての学友諸君は戦闘配置についてください。

われわれの闘いは歴史的、人民的たたかいである」と、安田講堂の時計台放送によって機動隊の出動が報じられ、二日間の殲滅戦のすえ、「われわれの闘いは勝利だった」という最後の放送が流れた。冒頭の人物がその後どうなったかは明らかでないものの、機動隊によって逮捕されたであろうことは間違いない。

　この人物を含む多くの学生たちが死の危険を冒してまでたたかった、かの出来事の歴史的意味は、いまだ確定していないように思われる。確定しているのは、１９６８年を中心に、いたるところで蜂起があったこと、そして、そのほとんどすべてが敗北したことである。あとに生まれた者にとってその闘争の意味がほとんど理解不能になっているという状況をよくかんがみれば、当時の出来事の歴史的意味は、不確定であるというよりもむしろ否定されているかのように映る。それは、せいぜい「カウンターカルチャーの時代」だのと相対化される出来事として、あるいは、敗者の描くノスタルジックな想い出として語られるに過ぎない。

　蜂起が敗北するとき、出来事は歴史のなかに埋没し、そこで賭けられていた祈りさえ跡形もなく消し尽くされる。結局のところ、存在するのは勝者の歴史だけである。

　歴史の天使はこのように見えるにちがいない。彼はその顔を過去に向けている。われわれには出来事の連鎖と見えるところに、彼はただひとつの破局を見る。その破局は、次から次へと絶え間なく瓦礫を積み重ね、それらの瓦礫を彼の足元に投げる。彼はおそらくそこにしばし止まり、死者を呼び覚まし、打ち砕かれたものを繋ぎ合わせたいと思っているのだろう。しかし嵐が楽園のほうから吹きつけ、それが彼の翼にからまっている。そして、そのあまりの強さに、天使はもはや翼を閉じることができない。（ベンヤミン「歴史の概念について」邦訳 367; 強調原文）

ベンヤミンが瓦礫と嵐の形象に託して語るように、勝者の語る進歩のみが歴史として認識されるところにあって、敗者の祈りを拾いなおすことは、とてつもなく困難である。

敗北の有するこのような含意を肌で知る者にとって、残された道はふたつだけであるように思われるだろう。ひとつは、所詮歴史は勝者のものでしかないのだから、意味などを求めず生きようとするニヒリズムである。その帰結は保守的でも革新的でもありうるとはいえ、ニヒリズムの誘惑はひろく漂っていることは間違いない。ニヒリズムとは異なるいまひとつの道は、歴史を超えて存在する意味を希求する普遍主義である。歴史がかくも無慈悲なものならば、目指されるべきは超歴史的な真理である。例えば、自由、平等、正義といった価値は、闘争の歴史の結果にかかわらず、有意味である、と多くのリベラルは語る。普遍主義の魅力は、ニヒリズムのそれよりもさらに避けがたいものかもしれない。あるいは、普遍主義者であることに疲れてニヒリストになったり、ニヒリストであることの絶望を逃れようと普遍主義者になったりと、両者のあいだの円環も存在するように思われる。いずれにせよふたつの道は、68年に限らずとも現在に至るまで、多くの敗者たちを惹きつけてきた。

ここにおいて敗者が問うべきは、ふたつの道の誘惑に抗う強さを持つべきかどうかである。ニヒリズムと普遍主義は、その実践において見かけ上は大きく異なるとはいえ、歴史の拒絶という点で同根である。歴史の拒絶という誘惑に身を任せてしまってよいのか。その誘惑に抗う強さというのは、はたして意味のあることなのか。その探究の結果がどうなるにせよ、敗者は一度このことを問うておく必要があるように思われる。

本章では、政治と歴史にまつわる、かかる問いを中心に、ウィリアムズの最後の思考をみていく。具体的には、ウィリアムズの歴史と政治にまつわる思考、そしてその具体的な方法論を検討する。まずは、ウィリアムズ倫理学の歴史主義的転回の眼目と方法論をみる。次に、ウィリアムズの政治哲学の方法である政治的リアリズムを検討する。最後に、政治的リアリズムの基礎となる、ウィトゲンシュタイン左派という構えを明らかにする。歴史についてのウィリアムズの思考は、普遍主義とニヒリズム双方の道を否定しようとする。それは、勝者の歴史のみを語る進歩主義を戒め、敗者の砕かれた祈りを拾いなおそうとするだろう。

1　歴史主義的転回

歴史主義的転回――概念と歴史

彼が没する六ヶ月ほど前におこなわれたインタビューでウィリアムズは、その晩年の思考において「歴史主義的転回（historicist turn）」が起きていたことを証言している（Voorhoeve 2009）。曰く、倫理や政治といった人間の営みにまつわる問いについて、哲学的分析だけで解決することはできず、むしろそこで争われる概念についての歴史を検討する必要がある。例えば、「自由（liberty）」といった近代の社会の基礎となる概念ひとつをとっても、それをたんに哲学的に分析するだけでは自由にまつわる実践的問題を解決できない。というのも、「自由」は、それ自体に歴史が織り込まれた概念だからである。

倫理や政治の概念において「歴史が織り込まれている」ということの重要性には、いくつかのレイヤーが存在する。第一に、当の概念を**どのように**理解するかという点について、対立する諸解釈が歴史の産物であることが重要になる。フランス革命以降のヨーロッパにおいて自由は平等のもとで成り立つものとされているが、このような自由の理解自体はフランス革命での第三身分の歴史的勝利によって確立されたものに過ぎない。ウィリアムズの言葉を使えば、その理解は「ただ勝ったのであって、議論に勝ったのではない（though these ideas 'won', they didn't win an argument）」（Voorhoeve 2009; PHD 190）。歴史を紐解けば、自由についてのさまざまに対立する理解が存在し、現在の西洋社会においてスタンダードとなっている理解もローカルな理解のひとつに過ぎないように思われる。

第二に、当の概念の歴史的諸解釈の対立を前提したうえで、それらをいかに用いるかという基準について、歴史的理解が必要になることも重要である。例えば、バンジャマン・コンスタンは、「自由」の理解が古代と近代において大きく異なることを指摘していた（コンスタン 2020）。とりわけ古代ギリシアのアテナイにおいて、自由であることとは、民会での集団的な政治決定に参与して、それに服従することであった。つまり、コミュニティの公共的決定の一部となってこそひとは自由なのであり、他者から指図されず勝手気ままに生きる「自由」など、真の自由ではなかった。これに対して、国家の権力機構が巨大化した近代にあっては、自由とはむしろ個人的なものになる。つまり、外からの力に対してプライベートな領域を守ってこそ、自由だということになる。このように相異なるふたつの歴史的解釈があるなかにあって、歴史的錯誤の可能性が生まれる。例えば、フランス革命期に権力を握ったジャコバン派は、近代社会に古代の自由を当てはめようとしたのであり、マルクス・エンゲルスはこのようなアナクロニズムを、ジャコバン派の代表的人物であるサン・ジュストの名をとって、「サン・ジュストの錯覚」と呼んだ（マルクス&エンゲルス『聖家族』第六章：邦訳 127-8）；MSH 135）。サン・ジュストの錯覚に陥らないためにわれわれは、「われわれの社会・生活形式にとって何が可能なのか」ということを問う必要がある。そして、これにはやはり、歴史的理解が必要になる。歴史をみさだめないかぎり、この社会にとって何が必要なのかということの実質的な答えは出てこないからである（超-歴史的な「社会の一般理論」は存在しないだろう）。

以上のように、倫理や政治といった価値にまつわる概念については、①その諸解釈が歴史の産物であること、そして、②そこからどの解釈を選択するべきかという問いにおいて歴史的理解が必要であること、が指摘できるのであって、歴史を紐解くことなく概念の哲学的分析をおこなうことは困難である。「歴史主義的転回」以降のウィリアムズはこのように考え、より歴史的な分析を踏まえた倫理学を目指すようになったのだった。

系譜学的方法

倫理や政治の概念について歴史が重要になるとしよう。それでは、いかにして歴史と向き合えばよいのだろうか。エッセイ「なぜ哲学は歴史を必要とするのか（Why philosophy needs history）」（２００２年）はまさにこの問題を扱う。そこにおいてウィリアムズは、まず、歴史が問題となる概念とそうでない概念を区別する（ER 406-7）。「原子（atom）」のような科学的概念については、古代ギリシアの原子概念といった歴史を問うこともできるにせよ、それが「原子」を理解するための重要な作業には思われないだろう。また、「太陽」の概念に関して、地動説と天動説とでは対立しているように思われるものの、その対立の歴史を学ぶことが必要であるとは思えないだろう。ひるがえって、「自由」のような価値にまつわる概念については、すでにみたように、歴史を問う重要性があるように思われる。このような区別が起きるのは、諸解釈の対立のありようが異なるからだろう。つまり、自由については、歴史的・政治的に異なる解釈があるものの、それらの対立はリアルであるように思われる――同じ概念をめぐって、現実の選択肢となるような諸解釈が対立しているように思われるのである。「原子」については同じ概念をめぐる対立ではないのに対して、自由は同じ概念をめぐって異なる理解が示されている。また、天動説と地動説の対立に関しては、前者から後者への転換が（偶然的転換ではない）理論的改善とみなされており、その転換の理論的説明が含まれている（cf. PHD 189）。天動説が現実の選択肢としてはもはや残されていないのに対して、自由についてはその転換が歴史的変化（「ただ勝った」）でしかなく、諸解釈はどれも現実の選択肢として対立しているように思われる。それは、しばしば、現実の諸社会の対立としても現れている（かつてそれは「文明の衝突」とも呼ばれた）。このように、変化が偶然的であった事象について、その理解に関する複数の現実の選択肢があるとき、われわれは歴史的探求を必要とするのである。[1]

さて、同じ概念をめぐって歴史的ヴァリエーション・諸解釈が対立している状況においては、それら諸解釈が共通して適用されるところの、概念の「共通のコア（a common core）」があるはずである（ER 407）。概念のコアがあってこそ、諸解釈の対立は同じものについてのリアルな対立となるからである。じっさい、例えば、自由についての諸解釈の対立には、自由についてのなんらかの原始的なイメージ（他者によって遮られないような力のイメージ）があるように思われる（MSH 136）。ウィリアムズによれば、このような概念のコアの分析において役立つのが、「自然状態論（the state of nature

（1）この論点の明確化に関しては、杉本英太氏の指摘に負う。

story)」というタイプの哲学的分析である(ER 408)。主に社会契約論の伝統において知られるこの方法は、ひじょうに抽象化した原始的な社会(自然状態)についての思考実験を行うものである。例えばホッブズは、『リヴァイアサン』において、「万人の万人に対する闘争(a war of all men against all men)」としての自然状態を想定したうえで、そこにおいて国家権力が安定をもたらすと論じる(*Leviathan* Ch.17)。同様にヒュームは、『人間本性論』において、小さな家族共同体の集まりであるような社会を構想し、その構成員が相互不信のなかでの試行錯誤を経たうえで、「じぶんも協調すれば相手も協調する」という相互協調の期待を生じさせてこそ、財産に関する正義のルールが生じると論じた(*Treatise of Human Nature* Bk. III, pt. ii, section 2)。自然状態論とは、このように、前‐歴史的な人間社会を思考実験によって想定し、そこで価値的な概念・制度が果たす機能を明示化するという哲学の方法である。

ここで重要なのは、この方法を用いることで、「正義」や「国家」といった、(諸解釈が)複雑に発展してきた事象が持つところのプリミティヴな機能を分析することができる、という点である。例えば、ホッブズの分析によれば国家とは、暴力の独占による相互安全の確保機構であるし、ヒュームの分析によれば正義とは、社会の安定をもたらすための(相互拘束的な)人工的規則だとわかる。つまり、国家や正義の現実の形態は、歴史的・地域的に多様であるにもかかわらず、自然状態論的分析によって、それらの概念のコアを仮説的に検討することができるのである。

このような哲学的分析によって概念のコアを仮説的に検討できるとはいえ、そのような抽象的なコアだけで事象を十全に理解することはできず、やはり歴史が必要になることには注意が必要である。正義は、そのコアを分析すれば社会安定のための人工的規則だと分析されるとしても、じっさいの社会においては往々にしてそのようにはみなされない。多くの人びとにとって、正義はたんなる社会安定の道具ではなく、それ自体価値を持ったものである。つまり、抽象的な哲学的思考実験のレベルでの正義の機能的理解（正義の道具的価値の分析）と、現実の複雑な歴史のなかで育まれてきた正義の実体的理解（それ自体価値を持ったものとしての正義）とではギャップがある。このギャップを埋めるものこそ、歴史である。ウィリアムズの言葉を使えば、「じっさいの歴史が、自然状態論がもたらす図式の中身を埋めるのである（real history *fills in* the merely schematic picture offered by the State of Nature story）」（ER 408; 強調原文）。

つまり、自然状態論によって概念のコアを分析したうえで、じっさいの歴史におけるその展開を紐解く必要がある。それというのも、歴史を紐解くことで、概念のコアが、具体的にどのように発展し、偶然的なしかたでいかなる価値と結びついてきたか、明らかにすることができるからである。例えば、真理を追求する「誠実さ（truthfulness）」という価値を考えてみよう。誠実さを、正確な事実を知ろうとする「正確さ（accuracy）」と、知っていることを正直に語ろうとする「真摯さ（sincerity）」というふたつのコアによって分析するにしても（この分析についてはこのあと立ち戻る）、それだけでは、「嘘をつくことと他者をミスリードすることはどちらが悪いのか」、「優しい嘘をつくことに問題はあるのか」といった具体的な問いに答えることはできない。いっぽう歴史を紐解くときわれわれは、「誠実さ」と「自由」の価値が結びついてきたこと（不誠実・ミスリーディングな語りは聞き手の自由を損なう）、あるいは、「誠実さ」が民主主義の歴史において政治的に重要な意義を担ってきたこと（情報公開・手続的正義など）を理解することができ、上述の問いに対するリアリティのある答えを提供することが可能になる。かくして、哲学的分析と歴史的分析を組み合わせることではじめて、われわれは、概念のコアとその諸解釈の広がりの理解をリアルに深めることができるのである。

このように自然状態論の哲学的分析と歴史的発展の分析を組み合わせる方法を、ウィリアムズは、「系譜学（genealogy）」と呼ぶ（ER 409）。「系譜学」はそもそも、『道徳の系譜学』で知られるニーチェの方法であり、そして、ニーチェの方法を権力批判として受け継いだミシェル・フーコーの方法でもある。これは、対象の事象が現在のありように至るまでの系譜を記述する哲学の方法である。ニーチェが「歴史的精神（historische Geist）」（『道徳の系譜』I二；邦訳377）を導入し、それをフーコーが「現在の歴史」（『監獄の誕生』邦訳38）と語りなおしたように、系譜学は、対象の哲学的分析において歴史性を導入しようとする。つまり、概念・事象が歴史的負荷を持っているという事実を受け止め、超‐時間的な哲学的分析を乗り越えようとする方法である。ウィリアムズは、このような「系譜学」の伝統に対して、自然状態論的な分析をつけ加える方法論を提示したのである。すなわち、ウィリアムズによれば、自然状態論の哲学的分析とニーチェ・フーコー的な歴史的分析を往復する系譜学的方法こそ、倫理や政治の概念について哲学が歴史と向き合うべき場となるのである。

まとめよう。倫理や政治の概念については、その諸解釈が現実に対立しているいじょう、哲学は、その対立の場となるべき概念のコアを分析するとともに、そのコアが諸解釈との相剋のなかで歴史的に展開していくありようを記述する必要がある。これを行う系譜学の方法のうちでこそ、哲学は歴史とまじわりつつ、倫理や政治の概念を分析することができるのである。つまり、倫理学がその役割をじゅうぶんに果たすためには、系譜学が必要なのである。

誠実さの系譜学

ウィリアムズの生前最後の著作は『真理と誠実さ——系譜学による論考（*Truth and Truthfulness: An Essay in Genealogy*）』と題されている。これは、その副題が示すとおり、ウィリアムズじしんの系譜学の方法の実践である。ウィリアムズは、真理を追求しようとする徳としての「誠実さ（truthfulness）」の系譜学を試みた。「誠実さ（truthfulness）」とは、英語では大まかにふたつの意味を持つとされている言葉である。オックスフォード英語辞典によれば、ひとつは真実を語ろうとする「正直さ（disposition to tell the truth）」であり、いまひとつは、事実に即しているという意味での「本当であること（the quality or fact of being true）」である（どちらの用法も早くには16世紀に確認できる）。つまり、じぶんの知っていることについて正直に、かつ、正確な事実を語るという性格・ひととなりのことである。なぜ、誠実さの系譜学が必要だったのか。本節の最後に、このような誠実さをめぐるウィリアムズの系譜学の動機と方法をみておこう。

ウィリアムズは現代を、真理をめぐるふたつのコミットメントが絡まりあって問題を発生させている時代とみる（TT 1-2）。第一に、誠実さ、あるいは欺かれまいとするあり方にたいする強いコミットメントがある。見かけには惑わされず、その裏にある真実を見抜こうとするあり方である。スラヴォイ・ジジェクのインタビューにおいてふたたび有名になった1988年の映画『ゼイリブ（They Live）』において主人公のネイダは、特別なサングラスをかけることで資本主義のイデオロギーの背後にある真の命令を見とおすことができるようになる。「快適な生活のための新商品！」といった美辞麗句のコマーシャルは、実のところ、「考えるな、消費せよ」と命じているに過ぎない。資本主義やネオリベラリズムが、あらゆる権力、生活様式、メディアに浸透していると捉えられ、人びとはそのイデオロギー的虚飾に欺かれず、その背後を見とおそうとする。科学的エビデンスといったものに対してすら人びとが警戒心を持つということも、記憶に新しいだろう。このような猜疑的あり方と部分的に対応しつつ、第二に、「真理」そのものへの強い疑いもひろくみられる。絶対的な、客観的な、いわゆる大文字の「真理」は存在しない。あるのは、それぞれにとっての――私には私の、あなたにはあなたの――真理だけである。このような思考は、なにも狭義の哲学者たちに限った話ではなく、多くのひとに根をはったものだろう。「歴史認識」はそれぞれの立場からつくられるものであってひとつの正解はなく、「科学的事実」は科学者の集団の基準によってつくられるものに過ぎない。大文字の真理への懐疑は、人びとをこのような相対主義的な思考へと誘導する。

現代の哲学にとっての問題は、「この状況をどうするか（how can we address this situation?）」というものである（TT 3）。ふたつのコミットメントが絡まりあっているという状況それ自体は、「ポストモダン」といった陳腐なラベルが登場する以前から、すでにニーチェによっても提起されていた、馴染み深いものである。必要なのは、あらためて現状分析を繰り返すことではなく、ましてや「ポストモダン批判」を展開することでもなく、すでに馴染みのものとなった問題をただしく理解し、そして解決することである。

真理の問題は、しかし、きわめてひろい領域にまたがっている。まずは、「真理と政治」である（TT 3-4）。つまり、近代科学が志向するような客観的真理の概念と自由の関係をめぐる問題である。例えば、ナチズムの衝撃の背景で書かれた、フランクフルト学派の『啓蒙の弁証法』は、啓蒙（Enlightenment）の時代に生まれた科学的・客観的真理の概念が、ファシズムによる政治的自由の抑圧を準備したと否定的に評価する。その一方で、リベラリズムの理論家たちは、啓蒙が野蛮の「批判（critique）」を準備したと評価する。ローカルな文化を批判し、客観的真理を志向する近代の啓蒙は、ファシズムをもたらしたのか、あるいは、リベラリズムをもたらしたのだろうか。真理と政治の関係をめぐる大きな問いが提起されてきた。

真理の問題は、さらに、「哲学のスタイル」をめぐるものでもある（TT 4-7）。いっぽうで大文字の「真理」を否定し、探究の対象はそのような「真理」ではないとするような（いわゆる「ポストモダン的」な）「否定派（deniers）」がいる。[2] たほうで、否定派の挑戦を言語分析の点から軽く退ける、

（いわゆる「分析哲学的」な）「常識派（the party of common sense）」がいる。この立場によれば、ひとが言語を学習し、語るためには、言語についての真理が成り立つ必要があるのであって、真理を一緒くたに否定する「否定派」の立場は維持できない。とはいえ、否定派にとっての問題は、たんなる言語分析ではないことは明らかだろう。否定派は、政治や歴史、あるいは社会や自己の理解にとって、「真理」が持つ意味を問うている。こうした「真理という概念が持つ価値」をめぐる問題は、実践的に重要なものであって、たんなる言語の分析では解けない問いがそこにはあるはずである。

このように、真理をめぐる問題は、「真理の価値（the value of truth）」の主題を中心に、多様な陣営と異なるスタイルの哲学を生み出しつつ、政治、自由、批判、歴史といった主題において展開されている。われわれは、かくも複雑な絡まりをどうにか解きほぐす必要がある。しかし、どのように問題に立ち向かえばよいのだろうか。

「真理の価値」が問題の中心になること――これが問題を解きほぐすためのヒントとなる。ウィリアムズはそのように考えた。すなわち、真理の価値を考えるには、真理を価値づける性格を考えればよい（TT 7）。そして、その性格とは、真理を追求し語ろうとする誠実さにほかならない。かくしてウィリアムズは、真理の問題を解決するために、彼にとっての真理の倫理学――誠実さの系譜学――へ向かっていく。「否定派」に従えば、誠実さの価値は、コミュニティ内での生存を高めるのに役立つといった道具的なものではありえても、誠実さそれ自体が持つ価値はないだろう。「常識派」に従えば、誠実さの価値は、ただ真理を発見するということに尽きるのであって、そこに倫理的ポイントはない。これらの立場と対決しつつ、誠実さについて考える必要がある。このプロジェクトは、その動機と切実さにおいて、ウィリアムズが引用する、以下のようなニーチェの思考と共鳴している。

> 真理は一歩一歩と戦いとられてこなければならなかったのであり、このためには、ふつうなら心にかき抱き、私たちの愛情や生への信頼が手離すことのないほとんどすべてのものが、放棄されてこなければならなかった。このためには魂の偉大さを必要とした、真理に仕えることは最も苛酷な奉仕なのである。――いったい精神的な事柄において正直であるとは何を言うのか？　おのれの心に対して厳正であるということ、「美しき感情」を軽蔑するということ、あらゆる然りと否にも良心をもつということ！（ニーチェ「反キリスト者」五十 邦訳247; 強調原文）

誠実さは、心地のよいものを信仰するという欺瞞を退ける。じぶんを欺くことなく、恐ろしい真理すらみさだめようとする誠実さとは、何の謂いか。ニーチェは初期から一貫して、この問いに囚われていた。ニーチェの姿勢にならいつつ、ウィリアムズは誠実さの系譜学へと向かっていく。

ウィリアムズによる誠実さの系譜学は、すでに検討してきたような系譜学の方法論、自然状態論

（2）ウィリアムズが念頭に置いているのは主に、ローティをはじめとするプラグマティストたちである。

にもとづく誠実さのコアの分析、さらには、自由、歴史記述、ほんもの（authenticity）、リベラリズムといった諸価値との結びつきを示す歴史的分析など、膨大な主題と論点を含んでいる。それらが内的に統一性を持っているいじょう、論点を部分的に抽出して説明することは困難であるため、本書ではウィリアムズの方法論と問いを示すにとどめておいた。とはいえ、誠実さの系譜学のうちでもウィリアムズが格別の真剣さをもって取り組んだ、「真理と政治」の問題系――あるいはリベラルの政治をめぐる問題系――については、あらためて取り上げておく必要があるだろう。

2　政治的リアリズム

政治は道徳の問題か――政治的モラリズム批判

古くはプラトンいらい、政治はつねに哲学の問題であった。とはいえ、哲学者たちが政治を語るさいの文法と語彙は、道徳のそれにひじょうに似通っているか、あるいはそれに規定されてきた。プラトンの『国家』は、魂の健康を説く倫理学の一部として、政治の理想を語る。倫理学の一分野としての政治哲学――このような状況は、現代においてもさして変わっていない。現代政治哲学の嚆矢は、間違いなくジョン・ロールズの『正義論』であるが、その文法と語彙はきわめて道徳的である。そこでは、ひじょうに周到な手続きを経ながらも、あるべき政治の理論は、その基礎としての正義の原理によって制限される。また、ロールズが対決する立場として、功利主義の政治理論（統治理論）があるが、功利主義もロールズと同様に、道徳によって政治を規定する。すなわち、政治はそこで、功利主義道徳の目標（全体の功利の最大化）を実現するための装置となる。

ウィリアムズは、ロールズ・功利主義をともに、「政治的モラリズム（political moralism）」と位置づける。すなわち、道徳を基礎に政治を論じるという方法である。そこでは、「政治理論とは、応用道徳のようなものとなる（political theory is something like applied morality）」（IBWD 2）。ウィリアムズは、政治哲学におけるモラリズムを疑い、批判した。

ウィリアムズの疑念は多岐にわたる。第一に、モラリズムの普遍主義的な構えに対する疑いである（IBWD 29-30）。すなわち、モラリズムは、政治の原理として普遍的な道徳原理を持ち出すが、これがただしいとすれば、あらゆる人間社会はどんな時代であれ同様の政治に到達すべきだと主張されていることになる。多くのリベラルたちが想定するように、まさに近代のリベラルな政治は普遍的な真理なのであって、実のところあらゆる時代・地域に共通して目指されるべき政治体制だというわけである。とはいえ、このような普遍主義は、歴史的感覚を欠いた、独断的なものだと言わざるをえないだろう（IBWD 9）。歴史的事実として、近代のリベラルな政治の理想は、17世紀後半の西欧に至るまで出現しなかったことをわれわれは知っている。リベラルが普遍的真理だとすれば、なぜそのようなことが可能だったのか、モラリズムは説明することができない。モラリズムにできることは、せいぜい近代以前の人間たちには道徳が欠けていたと主張することだが、これは信じがたい。というのも、近代リベラルの確立それ自体が、道徳的発達によってもたらされたものではなく、むしろ、血と闘いによってもたらされたものだからである。すでに指摘したように、リベラルはただ勝ったのであって、議論に勝ったのではない。われわれは、普遍主義を信じるには「あまりにも、じぶんたちの道徳的感情や対立の起源について、歴史的・社会的に、理解しすぎている（The fact is that we understand too much, in historical and social terms, about the origins of our moral sentiments and about the origins of our conflicts）」（ER 122）のである。

このようにモラリズムは、普遍主義的な構えをもって道徳にもとづく政治を理想化するが、それは政治の歴史的偶然性をとらえきれておらず、独断的である。この独断的性格をウィリアムズは、「錯誤についての理論（a theory of error）」が欠けている、とも表現する（IBWD 11）。「錯誤についての理論」とは、ひとが価値判断に関して錯誤に陥ることの実質的説明である。ある価値判断Xを受け入れないひとに対して、Xがそのひとにも当てはまると主張するとき、その主張が「（Xと異なるものは）ダメなんだ」といった形式の単純なイデオロギー発露に陥らずに説得的なものとなるためには、そのひとが陥っている錯誤についての理論が必要になる（ELP 49）。リベラルの価値と相容れない社会は、歴史的・地域的に存在するのだが、これに対して「その社会もリベラルを受け入れるべき」と説得的に主張するためには、「リベラルこそ道徳的真理である」と単純に語るのでは不十分であって、むしろ反リベラルの価値判断の錯誤を適切に説明する必要がある。ロールズや功利主義のモラリズムには、錯誤についての理論が欠けている。

このように考えるとき、政治の理論を構築するにあたって必要なのは、普遍主義的なモラリズムではなく、むしろ、近代西欧社会の偶然性をただしく認識する構えであるとわかる（IBWD 9-10）。これは、政治思想の語彙を用いるならば、「近代（Modernity）」の偶然性をとらえつつ、理論を組み立てるということである。(3) ここでは、近代がいかなる性質の社会をもたらしたか、近代において歴史的に何が発生したのか、近代の人びとにとって何が受け容れられるのか、といった理解が必要になる。近代の偶然性とその条件、これを真剣に考慮しつつ政治を考える必要がある。これを考慮せず、ただ近代のリベラルをある種の真理として議論することは、政治の理論としてそもそも失敗している。それは、18世紀の啓蒙の失敗をただ反復するだけである。

ウィリアムズがモラリズムを疑う論点は、第二に、それが政治そのもののリアリティをうまく捉えられないというものである（IBWD 12）。モラリズムは、政治を道徳の問題にしてしまうが、このような理解は政治のリアリティを損なう。政治の空間においては、道徳的議論だけが行われるのではない。そこは、さまざまな力、確信、歴史、妥協、説得が複雑に絡まりあう空間である。そこで人びとがたたかわせるのは、むしろ日々の生活のなかで練り上げられた実感、周囲との影響関係によって生まれた確信、あるいは歴史的に継承されてきた経験であろう。この空間を、各個人が自律的に論証した道徳的原理の対立の場として理解することは、現実を歪めてしまう。また、政治の空

（3）これはウィリアムズが、ユルゲン・ハーバーマスに同意する論点である（IBWD 9-10）。

間は、対立の調停の場であって、たんなる論証の場ではないことも重要である（IBWD 13）。政治的決定の場においては、勝つものと負けるものがあるだけであり、負けた側が「（道徳的に）間違っていた」ということが証明されるわけではない。また、決定に至るまでには、平和的な解決を探るために種々の妥協が図られる。いずれにせよ、政治的決定をただの道徳的論証の場と捉えることは困難である。

実感、妥協、説得、対立、決定――政治についてのこれらの「決まり文句（platitudes）」が映し出すようなリアリティを適切に理解すること、これが政治の理論には求められるはずである。「リベラルの政治理論は、政治について決まり文句のように言われることに対してより現実的になるように、組み立てられるべきなのである（liberal political theory should shape its account of itself more realistically to what is platitudinously politics）」（IBWD 13）。モラリズムでは、政治そのものの現実と向き合うことができない。

政治的リアリズム――政治そのものの理論へ

モラリズムに対抗してウィリアムズが提起するのが、「政治的リアリズム（political realism）」の理論である。道徳によって政治を語るのではなく、政治そのもののリアルを語ること――これが目指される。かくして、リアリズムの理論は、近代やリベラルの歴史的偶然性を適切に踏まえつつ、（道徳ではなく）政治そのものの複雑な諸相を捉えようとするものである。リアリズムの立場の記念碑的な論文である「政治理論におけるモラリズムとリアリズム（Realism and Moralism in Political Theory）」をもとに、その理論のじっさいをみておこう。

リアリズムの理論は、政治そのものにとって必要な条件をひとつひとつ特定していくことによって組み立てられる。まず、政治の第一の問いが特定される。それは、秩序・保護・安全・信頼・協調状況を確保することである（IBWD 3）。このホッブズ的な問いが、第一の問いであるのは、他のあらゆる政治的な問いを解決するための条件となっているからである。これが解決されないかぎり、政治はそもそも発生しようがなく、これを解決する体制こそがひとまず政治を成立させる。かくして、政治の第一の問いから、政治についての第一の条件が導入される。

正統性（LEG）の第一条件

国家が正統性を担保するのは、それが第一の問いを解決するときのみである。

ここで「正統性（legitimacy）」とは、つうじょう、国家が有する支配や権力についてそれが正当な根拠によって成立していることを指す。ここでは、国家の成立・強制がそもそも正しいと言えるか、正しいと言えるならばどのような条件を満たさなければならないか、といったことを問題にしている。ウィリアムズは、このように、政治の条件をめぐる言葉として「正統性」を用いている。そして、国家の「正統性」が成立するには、まずなによりも、それが第一の問いを解決していないといけない。秩序や安全が根本的に壊れた場所では、国家が成立しようがない。とはいえ、「第一の問いの解決」は正統性の必要条件であって十分条件ではないことに注意されたい。第一の問いを解決してなお、ひじょうな専制国家といった恐れをもたらす体制がありうるいじょう、さらなる正統性の問いを必要とする理由がじゅうぶんにある。そこで必要になるのが、第一条件よりも強い条件である。それを政治の論理だけから表現すると、以下のようになる。

正統性の第二条件

第一の問いを解決している国家のうち、正統性の基本的要求（the Basic Legitimation Demand：BLD）を満たしているもののみが正統性を担保している（LEGである）。

では、より強い制約を課す「正統性の基本的要求（BLD）」とは何であろうか。それは、（全体の秩序維持による正統性を超えて）国家の支配のもとにある各主体に対する国家の正統性が要求されるということであり、それゆえに、根本的な格差を避けるということである（IBWD 4-5）。つまり、第一条件が全体としての秩序維持の制約を課すのに対して、第二条件では、支配下の各主体に対する正統性が要求されている。そして、各主体に対する正統性が必要であるいじょう、特定の主体や集団のみを根本的な不利益に晒すような体制では、（そうした主体や集団において）正統性の基本的要求が担保されていない。かかる主体や集団がたんに第一条件のレベルで支配されている場合、それらは潜在的な内戦勢力のように扱われていることになってしまう。全体としては均衡がもたらされているにしても、被抑圧集団にとってそれは、力による抑圧に過ぎない。

ここで注目すべきは、各主体に対する正統性や力による格差状態の回避を目指す「正統性の基本的要求」（第二条件）は、（平等といった）道徳原理によって導入されたものではなく、政治そのものの原理から導入されていることである（IBWD 5）。ひとつの集団が他の集団を力によってのみ抑えつけている状況は、それ自体として政治的な状況ではなく、むしろ戦争状況に類するものである。非抑圧集団や中立の立場の人びとにとって、この状況では、第一条件が解決するはずの秩序が損なわれてしまっている。こうした不均衡な状況が第一条件の解決のために必要だというならば、なんらかの説明・正当化が必要なはずである。かくして、「正統性の基本的要求」は、政治を成立させるための第一条件を徹底するための条件として導入されているのであって、外部から道徳的に導入されたものではない。ここまでの議論をまとめておこう。

正統性の基本的要求についての条件

第一の問いの解決（正統性の第一条件）は、支配下にある各主体に対してもたらされねばならず、それゆえに、（その解決にあたっての）根本的な格差はそのままでは許容できず、説明・正当化を要する。

政治が発生するためには、単純な抑圧にもとづく均衡の実現では不十分であり、なんらかの権威・説明・正当化が提示される必要がある。これが、正統性の基本的要求になる。つまり、国家は、支配下の主体に対してなんらかのあり方を強制しつつ、蜂起・反乱は許されないと主張しながら、この強制状態が内戦ではないことを示す説明・正当化を与えようとするのである（IBWD 6）。

さて、このような説明・正当化自体には、多様なものがありうる。神学的権威を用いるもの、あるいは、階級制度を用いるもの。歴史的にさまざまな説明・正当化が用いられてきた。とはいえ近代において、これらのうちの種々の正当化は、すでに正当化としては機能しなくなっているように思われる。とりわけ近代のリベラル国家は、神学的権威や階級制度、構造的差別を否定するように思われる。こうして出てくるのが、正統性のリベラル的条件である（IBWD 7）。

正統性のリベラル的条件

正統性の基本的要求において、格差の正当化についての制約が存在する。例えば、格差の正当化原理は、広く各主体に対して周知されていなければならず、また、人種やジェンダーにもとづく格差の正当化は許されず、そして、ヒエラルキー構造それ自体は格差の正当化としては成立しない。

このように、リベラル的条件は、正統性について（第二条件よりも）強い条件を要求するものの、これは、それでもなお政治そのものの条件についての制約とみることができる。すなわちそれは、第一の問いに対する答えに対して、ある種の制約をかけているのである。例えば、人種・ジェンダーの差別にもとづく秩序は、第二条件、ひいては第一の問いへの答えとして失敗する、といまや近代では考えられている。そうだとすれば、リベラル的条件は、政治そのものの条件についてのある種の解釈であって、政治の外部の道徳的原理から導入されるものと考えなくてよい（IBWD 7-8）。

ここで重要なのは、リベラル的条件が、あくまでも歴史的・偶然的な条件だということである（IBWD 8）。この条件は、格差の正当化の種々の試み（神学的権威・奴隷制など）が歴史的に失敗し、それへの疑念がじっさいに提起されてきたなかではじめて成立したものである。つまり、リアリズムにおけるリベラル的条件は、歴史を超越した道徳的真理として想定されるようなものではない。

これに対して、ある種のリベラルは、基礎的な人格理論を根拠に、リベラル的条件の超歴史性を主張するかもしれない。例えば、「人格は人格であるかぎり自律の価値を認めざるをえない」といった理論によって、リベラル的条件（差別の禁止など）を導出しようとするかもしれない（IBWD 8）。しかし、ウィリアムズからすれば、このような議論は転倒している。そのような人格理論はリベラル的条件を基礎づける超歴史的な真理というよりも、むしろ、同じ歴史的条件（格差正当化への異議申し立て）によって準備されたものだからである。なるほど、旧体制の正当化への異議申し立ての歴史は、リベラル政治と整合的な人格や自律の理論を準備するかもしれない。しかし、かかる人格や自律の道徳的理論がリベラル政治を基礎づけるのではない。リベラル政治もリベラルの道徳理論も、どちらも同じ歴史的条件の産物なのである。

ウィリアムズのリアリズム理論が、前節でみた政治理論の条件をクリアすることを確認しておこう。第一に、リアリズムは、行き過ぎた普遍主義的な構えを持っていない。それは、リベラル政治の歴史的偶然性を適切に認識しつつ、「錯誤についての理論」を組み込む余地を有している。じっさいには正統性を持たないにもかかわらず正統とされる国家について、モラリズムが「道徳的真理を見損なっている」としか言えないのに対して、リアリズムはより多様な説明を可能にしている――そのような非リベラル国家には、リベラル政治が可能になった歴史的条件（神学的権威の失墜、マイノリティによる異議申し立ての不足）が不在である、あるいは、言論の自由・情報公開が不足している（国家によるじっさいの正当化原理の隠蔽）、また、国家による正当化の強制がある（正統性が説明ではなく強制によっている）といった説明が可能である。

とりわけ最後の、正当化の強制の問題は、錯誤についての理論として重要である。ある種の国家が、第一の問いのレベルで秩序を担保しているにしても、そこでの格差の正当化の受容が権力勾配によってのみ果たされているとき、それは正統性の基本的要求を満たしていないと言えるポイントがあるからである。かかる国家内で正統性を受容している主体たちは、実のところ、正統性と力を取り違えてしまっている（あるいは、取り違えるように強制されている）。例えば、女性に選挙権がないという状況についての女性の受容が、男性によって選ばれた男性の議会権力による「女性には政治的能力がない」というロジックをつうじて果たされているとき、この受容は、男尊的な権力勾配にひたすらもとづくものであって、実のところは説明になっていないとも考えられる。かかるロジックの権威は、すでに女性を排除する権力によって構成されているからである。そこで女性たちがこの状況を受容することは、錯誤（あるいは虚偽意識）であると理解できる。銃を突きつけてじぶんへの投票を命じることは、権力の発揮でしかなくて、その正当化ではない。それと同様に、「正当化の受容が、そこで正当化されるべきところの権力によってもたらされているとき、それは正当化たりえない」といった考慮——ウィリアムズが「批判理論の原理（the critical theory principle）」と呼ぶ考慮（IBWD 6）——にもとづいてリアリズムは、「錯誤についての理論」を組み立てることができる。リアリズムは、こうした個別の具体的な情況（錯誤についての理論・異議申し立て）にもとづいて、正統性を論じることができる。[4]

リアリズム理論は、第二に、政治そのものの理論となっている。リアリズムは、道徳原理を政治の外部から導入するものではないが、それでも正統性の条件やリベラル的制約を理解することができる。これによって、政治の空間は正統性をめぐる複雑な対立の空間として理解することができ、

（4）この原理（その名称はフランクフルト学派といった批判理論に由来する）の適用にさいして問題になるのは、「権力によってもたらされている」ということのじっさいである（IBWD 6）。銃を突きつけて投票を命じるといった有形の暴力はわかりやすいケースだが、欺し・サイレンシング（沈黙を強いること）といった暗示的な暴力は論争的なケースになるだろう。本章で挙げたような、女性の選挙権に関する例も、この意味で論争的である。とはいえ、錯誤の説明としてその原理を持ち出すポイントはじゅうぶんにあるだろう。

道徳的論証の場として捉える必要がなくなる。例えば、「批判理論の原理」といった錯誤についての理論を持ち出して、既存の体制に対して異議申し立てを行うことは、政治そのものの条件（正統性）をめぐる対立の空間内の出来事として捉えることができる。

ここにおいてリアリズムは、政治における「実践の優位（the primacy of practice）」をただしく捉えることも注目に値する。「実践の優位」とは、理論が実践の後追いにならざるをえないという事態のことである。例えば、ある特定の正統性に対する異議申し立てがじっさいに生じている事実こそ、その正統性についての説明・正当化を要求するし、それを提供しない国家は強制をはたらかせているとみなされる。ここでは、正統性の基準についての理論が先にあってそこから現実の行動（実践）が解釈されるのではなく、現実の行動（実践）が理論の適用基準すら定めてしまうという構造がある。直接行動によってこそ、政治の条件がつくられてきたし、つくられるのだろう。例えば、人種・ジェンダー差別に対する異議申し立てがあってこそ、その差別に対する正当化が国家に対して求められ、そこから正統性についての理論とその適用が後追いで変化していく。政治におけるこのような実践の優位を、ウィリアムズは、（ゲーテ『ファウスト』においてファウストが確信をもって聖書を書き換えた一節を引きつつ）「はじめに行為ありき（In the beginning was the deed）」の原則と呼ぶ（IBWD 14）。すぐにわかるように、「はじめに行為ありき」の原則どおり、現実政治こそが、リベラル的政治の具体的条件を準備してきた。それにもかかわらずモラリズムは、このような実践の優位をうまく捉えることができない。リアリズムは、たほう、「はじめに行為ありき」に忠実な理論となることができる。

以上のように、政治的リアリズムの理論は、近代のリベラル政治の偶然性を捉えつつ、政治とはいかなる営みであるかを語ろうとする。これは、道徳の語りに回収されてきた政治哲学を、(ホッブズやヒュームにならいつつ) あらたにやりなおそうとするものだった。ウィリアムズが提示しようとしたリアリズムのプロジェクトは、しかし、いまだ概略的なものである。政治の現実を語るためには、じっさいの政治の実践の情況をつぶさに観察し、理論の細部を埋めていく必要がある。この意味でリアリズムとは、つねにその記述を更新されつづけるべき、積極的なプロジェクトであると言える。じじつウィリアムズは、代表制にもとづく熟議民主主義を典型とする分析、あるいは国家の領域内の集団に限定したモデルを過度な単純化とみなしつつ、よりラディカルな政治参加の形態、国民国家よりもミクロなレベルや国家の境界を横断していくような紐帯 (constituency) への注目を呼びかけていた (IBWD 16-7, 50)。リアリズムのプロジェクトを継承しようとする者は、すでに多様化している政治形態に応じた理論を組み立てる必要があるだろう。

そして重要なのは、リアリズムの理論において、政治の終極が存在しないことである。モラリズムにおいては、道徳的真理とされるリベラル政治への予定調和が政治の終極を覆うのに対して、あくまでも偶然性と実践にとどまろうとするリアリズムにおいては、そのような終極が存在しない。しかし、そのような終極を設定しないリアリズムをつうじて政治をみつめようとする者は、具体的にいかなる方向へと向かうのか。次節ではそのことを検討して、本章を閉じよう。

3　生活の闘争――ウィトゲンシュタイン左派の方法

政治哲学の隘路――批判は可能であるのか

前節では、多くのリベラルに共有されてきた政治的モラリズムを避ける道を示した。ウィリアムズの道はモラリズムを奉ずるリベラルだけでなく、右派的な反リベラルともわかれていく。そのためにウィリアムズは、道徳と保守の双方と対決するための方法を必要とし、それを、すべては実践の問題であるとする、後期ウィトゲンシュタインの方法に見出した。本章では最後に、ウィリアムズが「ウィトゲンシュタイン左派（Left Wittgensteinianism）」と呼ぶこの方法を、論文「多元主義、共同体、ウィトゲンシュタイン左派（Pluralism, Community and Left Wittgensteinianism）」（1992年）に即して確認しておこう。

まず、ウィリアムズの立場がそこに位置づけられるべき、20世紀の政治哲学の状況を整理しておこう。当時の政治哲学は、ひとまず、ロールズ的なリベラリズムとその普遍主義を批判するコミュニタリアニズム（共同体主義）との対立――いわゆるリベラル・コミュニタリアン論争――を主要な論点としていた。すなわち、前期ロールズをはじめとする、リベラル政治の基礎づけのプロジェクトに対して、サンデルやマッキンタイアを中心に、その基礎的な人格理論が実質を欠いたものだとする、コミュニタリアンの批判があった[5]。自由、人権、正義――こういったリベラルの諸価値が、人格についての抽象的な道徳理論から構成されるのに対して、コミュニタリアンは、その人格理論の実質を問題にする。曰く、人格はリベラルの哲学が論じるような抽象的な個人ではなく、共同体のもとで実質的な価値を共有してはじめて成立するのである。こうした批判は、例えば、リベラル政治にとって中心的な価値である「正義」を、じぶんがいかなる立場になるかわからないという無知のヴェールのもとでの合理的選択として描き出すロールズの議論設定に対して、サンデルがそれを「負荷なき自己（unencumbered self）」と批判したこと（Sandel 1984）に典型的に現れている。

この論争それ自体は、前節で確認したモラリズムの内部をまわっているだろう。すなわち、この論争は、リベラル政治の基礎づけ理論（道徳的原理による基礎づけ）の成否をめぐるものであって、そのような基礎づけを放棄したリアリストにとってはすでに問題でない。じっさい、サンデルは、リベラルの人格理論への疑義からリベラルの政治理論を否定しているものの、その批判はあくまでも「人格理論→政治理論」の基礎づけ関係という誤った関係にしか当てはまらず、リベラル的条件を要請する歴史的条件の批判にはなっていない（IBWD 9fn4）。リベラル政治が、基礎的な人格理論によって基礎づけられるものではなく歴史の要請によるものだと考えれば、サンデルのリベラル批判は回避できるし、じっさい、サンデルはリベラル的政治の多くの特徴を否定しきれずにいるように思われる。

（5）これは、カント主義VSヘーゲル主義という19世紀の構図をそのまま反復しているとウィリアムズは診断している（IBWD 33）。

モラリズムと基礎づけ主義の内部を空転することなく、リベラルとコミュニタリアンの対立がめぐる問題を、より深いところに見出すことは可能だろうか。このように考えるとき、ふたつの立場の対立が示す、よりリアルな問題がみえてくる。それは、批判（critique）の可能性と基礎をめぐる問題である（IBWD 33）。すなわち、ロールズのような普遍主義的な正義の原理があれば、それによってローカルな実践や伝統を批判することが可能になるのに対して、ローカルな共同体の実践のみを重視する立場では、そのような批判の可能性がなくなるのではないか。このような、批判の可能性と基礎をめぐる問題こそ、ウィリアムズの注目する対立空間となる。

生活を現場とする闘争――ウィトゲンシュタイン左派の構え

批判のために道徳的原理を持ち出すリベラルとは異なり、コミュニタリアンの立場によれば、批判は実のところ可能ではない。その論理をみさだめるために、この文脈で、コミュニタリアンら反リベラルによって使われる、後期ウィトゲンシュタインの方法をみておこう（IBWD 34）。後期ウィトゲンシュタインによれば、「68＋57」という足し算の初歩的な規則ですら、その意味は不確定である。ここでの「＋」を「xかyが57以上の時は5を導く関数」といったかたちで（ふつうの足し算とは異なるように）捉えることは、どこまでも可能だからである。とどのつまり、「68＋57＝125」は、その規則に従う実践が意味を規定しているに過ぎない。つまり、われわれがただその実践を生きている事実のみが、「＋」を成り立たせている。これは、数学に限らず、倫理や政治も同様である。われわれの倫理や政治は、ただわれわれがそれを生きているという事実のみに依存するのであって、それを基礎から正当化しようとするのは誤りである。例えばリベラル政治も、道徳的真理や基礎的な人格理論にもとづくのではなく、ただわれわれがそれを生きているという実践の事実によって成り立つに過ぎないのである。ここでの実践は、生活形式（Lebensform）とも呼ばれる。かかる実践・生活形式の決定的優位についての、ウィトゲンシュタインじしんの言葉を引いておこう。

> 「いかにして私は規則に従えるのか？」――もしこれが原因に関する問いでないのなら、それは私が規則に従ってこのように行動していることの正しさの証明を求める問いである。根拠を使い果たしたら、私は硬い岩盤に行き当たってしまう。そして私のシャベルははね返される。そのとき私は、「とにかく私はこのように行動するのだ」と言いたくなる（『哲学探究』§217: 邦訳 180-1; 強調原文）。

「意味の使用説」とも呼ばれる、このような後期ウィトゲンシュタインの思考は、保守的な立場によってしばしば援用されてきた（IBWD 34-5）。この援用のポイントのひとつには、その全体論的な性格がある[6]。つまり、生活のなかでの実践は、その内部に緊密なネットワークがありつつ、ひとつの全体として機能するのであって、その一部を取り出して変化させることは困難である。あるいは、変化というものがありうるとすれば、その共同体のなかでかかる変化が大多数によって受け容れられる必要がある。すべてが実践・生活形式だとすれば、その内部での変化や批判も、実践・生活形式のなかでリアルに発生しなければならない。しかし、そうだとすれば、根本的な変化など起きようがない。というのも、この見方は、ある社会の生活形式をひとつの全体として捉えることを要求するのだから、それを他の社会と比較して批判したり、その生活形式の一部を取り出してきて批判したりができなくなるからである。例えば、「日本的生活」の実践としてこの社会を思考するとき、その内部に埋め込まれた女性差別を個別に取り出してきて批判することはできず（ましてや「西洋的な概念」によって批判することはできず）、あくまでも「日本的生活」の歯車のなかでそれを思考しなければならないことになる。このように考えるとき、ウィトゲンシュタイン主義はなるほど保守的である。

保守による援用のいまひとつのポイントは、現実の社会の実践をそのまま受け入れるという性格である。すべての社会的事象が実践・生活形式の問題であるとき、哲学にできるのは、その実践を的確に記述することであって、それを批判することではないことになる。哲学すら、生活形式に取り込まれる。ウィトゲンシュタイン本人の言葉によってこの立場を示せば、「哲学はすべてをあるがままにしておく」（『哲学探究』§124: 邦訳 112）のである。このようにして、後期ウィトゲンシュタインの思考から保守を導くコミュニタリアン的な立場がありうる。これを「ウィトゲンシュタイン右派（Right Wittgensteinianism）」と呼んでおこう。

ウィリアムズによれば、しかし、ウィトゲンシュタインからはラディカルな立場を導くことも可能である。というのも、今、ここの、生活に降りていくとき、われわれの生活とはまさに、批判と変革を避けがたく含んだものであることがわかるからである（IBWD 35-6）。近代社会の特徴とは、じしんと他なるものとの差異についての反省的自覚にある。すなわち、近代の実践・生活形式においては、この生活が歴史的にも地域的にもひとつの生活に過ぎないこと、この生活のオルタナティヴがつねに存在すること、これらが避けがたく意識されている（IBWD 36）。この生活は、つねに、他のようにありえたのである。近代の本質的特徴としての多元性、反省的意識、歴史的偶然性の認識——これらは、近代の批判者たちにとっては、「疎外」として表現される事態かもしれないとはいえ、ウィトゲンシュタイン主義者にとってこのことは、近代の実践・生活形式がまさに、じしんのうちにつねに内的な緊張を見出すプロジェクトであることを意味する。かくして、ウィトゲンシュタイン主義を形式的に使うのではなく、今ここにあるわれわれの生活に対して実質的にその方法を適用するとき、避けがたい批判とオルタナティヴの発見をそなえた実践・生活形式を見出すことができる。今ここでの批判とオルタナティヴの実践へと向かうウィトゲンシュタイン主義——ウィリアムズはこれを「ウィトゲンシュタイン左派（Left Wittgensteinianism）」と呼ぶ（IBWD 37）。

　ウィトゲンシュタイン左派の方法は、すべては実践であるという後期ウィトゲンシュタインの立

（6）ウィトゲンシュタイン主義には、生活形式を、ひとつの全体として機能するスタティックなものと捉える傾向性があるとも指摘される（Queloz and Cueni 2021: 760-1）。

場を徹底して近代に適用することで、むしろ批判とオルタナティヴの発見へと向かうものである。これは、ウィトゲンシュタイン主義として普遍主義を避けながら、左派として、批判を留保する保守的な立場をもどうじに否定している。道徳でもなければ、保守的な相対主義でもなく、じしんの立場すらも相対化するような原点へと降りていく。この方法の具体的な適用や射程は、この論文でははっきりとは語られていない。最晩年のウィリアムズの思考をたどってきたわれわれは、とはいえ、この方法をたんに消極的でなくむしろ積極的に、素描することができるだろう。

ウィトゲンシュタイン左派の方法は、第一に、（ウィトゲンシュタイン主義として）今ここでの倫理的・政治的実践を、普遍的道徳によらずに、リアリズムによって理解しようとする。例えば、前節でみたリアリズムの理論がそうであるように、左派は、実践のレベルでいかなる異議申し立てが行われているか注意深く観察し、それを、「普遍的人権」といった道徳的概念に安易にうったえることなく、記述する。[7] ウィトゲンシュタイン左派における批判の現場は、道徳ではなく、生活となる。

第二に、左派は、みずからが拠って立つところの、実践や生活、そして概念について、その歴史的な由来を積極的に探求しようとするだろう。つまり、倫理や政治の実践をみさだめるさいに、その歴史的な由来（歴史的系譜学）を積極的に問い、その偶然性を適切に捉えようとするだろう。左派は、普遍主義的ないし進歩主義的な仮面のもとにある倫理や政治の実践について、その歴史的な由来を暴こうとする。これは、ニーチェやフーコーの系譜学の実践に類比的なものになるだろう。左派の倫理と政治は、進歩ではなく偶然性を出発点とする。

第三に、左派は、倫理や政治の実践について、概念的・歴史的なオルタナティヴを積極的に見出そうとする。じしんの実践の歴史的偶然性に対して敏感であろうとする左派は、そのオルタナティヴの存在に対しても敏感であらざるをえない。右派とは異なり、歴史や他者において、じしんの実践のオルタナティヴを発見し、そこに変革の可能性を見出すことができる。そのとき左派が発見すべきオルタナティヴは、現実に今存在するオルタナティヴに限定される必要がない[8]。歴史のうちには実現しなかった敗者の砕かれた歴史、そこにも潜在的なオルタナティヴな力は現れている。左派は、敗者の歴史からも、オルタナティヴな政治への自信をすくい出すことができる。そして、「かつて存在しなかった」オルタナティヴにも目を向ける左派は、現状の代わりに何かを創造するのではなく、むしろ現状を解体して、そこに何も置かないでおく強さを持つこともできるだろう[9]。

生活への降下、リアリズム、歴史と偶然性、オルタナティヴ——これらこそがウィトゲンシュタイン左派の構えを形づくる[10]。これはそのままでは理論的な構えである。しかし、この構えをもって

(7) あるいは、倫理についてそれを適用するならば、第三章で確認したような、非難の自然主義的理解は、そのような記述の一例になるだろう。
(8) このことについて、別稿においてアナーキスト人類学に即して論じた（渡辺 forthcoming b）。
(9) 「バートルビーが新しいメシアだとしても、彼は、イエスのようにかつて存在したものを贖うためにではなく、かつて存在しなかったものを救済するために到来するのだ」（アガンベン 2005: 83）。アガンベンがそこで論じるように、この「絶対的偶然性」の次元において行われるのは、再創造でも反復でもない、まっさらの「脱創造」である。

政治と倫理をみつめる者が、批判の具体的な実践へと向かうとき、それはもはや、たんなる道徳的な闘争ではありえない。そのまなざしにおいて批判の現場が生活となっているいじょう、左派は、その生活のスタイルと実験によって、批判を構成しようとするだろう。みずからの生活のスタイルを賭けた闘争――ここに飛びこむ左派においては、理論と実践の分離、道徳に予定された救済を求める弱さ、そのどちらも乗りこえられている。

結論

本章では、歴史主義的転回以降のウィリアムズの思考を検討してきた。概念の哲学的分析を飛びこえて、それに織り込まれた歴史を紐解こうとすること。これが後期ウィリアムズの基本的な姿勢となっていた。とりわけ倫理や政治にまつわる概念は、その歴史を問うべき特有の事情が存在し、そして、その問いを探求するには、哲学的分析と歴史的記述を組み合わせた系譜学の方法が重要になるのであった。次に、本章は、ウィリアムズの政治理論――近代リベラル政治の歴史的偶然性を踏まえた政治の理論――の可能性を検討した。リベラル政治を道徳的真理として基礎づけようとするモラリズムは、歴史や政治のリアリティを捉え損ねている。むしろ、政治そのものの理論から出発して、歴史的に偶然的なリベラル政治を理解する、政治的リアリズムの枠組みへと進むべきである。最後に、本章は、こうしたリアリズムの背景にある、ウィトゲンシュタイン左派の構えを確認した。後期ウィトゲンシュタインの洞察は、今ここでの生の実践を基礎づけるのではなく、むしろそれを理解することへと向けさせる。このようなウィトゲンシュタイン派の構えは、それ自体として保守的な態度を帰結するものではなく、むしろそれを徹底することでラディカルな態度を準備することができる。われわれの生活の偶然性を認識しつつ、それをどこまでも精緻に理解しようとすること。そして、なにより、生活を闘争の現場とすること。この真剣な構えにこそ、ラディカルな可能性が宿っている。

(10) 本章では、普遍主義的なモラリストと批判を回避する右派的ニヒリズムや相対主義に対抗する構えとしてウィトゲンシュタイン左派を位置づけた。しかしこれは、冒頭で提起した、普遍主義・ニヒリズムとの対決としてはいまだ途上のものである。ニヒリズムには、ニーチェが「受動的ニヒリズム」と呼ぶところの、疲れから到来するニヒリズムが存在する。これは、不条理を理解しつつそれを敢えて受容するという、アイロニカルな態度(「いくぶん疲れた微笑み」)(ファインバーグ 2018: 436)とも重なる。こうした受動的ニヒリズムとの対決は、あらためて問いなおさなければならない。この点について、中西淳貴の指摘に負う。

おわりに　反道徳の倫理学

道徳と倫理の違いについて

本書では、初期の人格の同一性の議論から、最晩年の政治的リアリズムに至るまで、ウィリアムズの思考を追跡してきた。第二章の倫理学理論批判においてすでに確認したように、ウィリアムズそのひとが体系的な理論への警戒心を表明していたこともあって、その思考をひとつの体系として描くことは困難である。とはいえ、本書は、ウィリアムズの思考をつらぬくひとつの糸として、反道徳の倫理学の動機をみさだめてきた。すなわち、ウィリアムズは、道徳の枠組みに対抗しつつ倫理学を再開しようとしていたということを示してきた。ここでは、ウィリアムズの思考のディティールはそれとして念頭に置いたうえで、何よりも反道徳の倫理学の成果を——そこで析出された道徳と倫理の違いを——照らし合わせておこう。

第一章では、ウィリアムズにおいて、人格の同一性の論証において用いられた一人称的な視点への着目が、倫理学の伝統的な主題に立ち向かう道徳心理学の方法として見出されたことを確認した。

それによって現れたのは、真摯さといった感情的構造への着目、道徳性／不道徳性を欲求によって連続的に分析する倫理学、道徳的な「べし」の衝突のリアリティといった倫理学であった。この初期の倫理学の時点においてすでに、反道徳の倫理学の契機がいくつか現れている。まず、言語分析を主とする哲学者たちとは異なって、感情や欲求といった、人びとを内側から駆動する力に着目することで、ウィリアムズは、道徳／不道徳のあいだに本質的にあるとされる差異を否定していた。従来の倫理学は、道徳／不道徳の区別を強調したうえで不道徳を道徳へと説得する特別な論証を組み立てようとしてきたが、そもそも、道徳／不道徳の区別は大仰に前提されるべきものではない。むしろ道徳／不道徳は、その欲求の構造自体はさして変わらず、たんに欲求の方向や規則性が異なるだけである。道徳／不道徳の区別を殊更に強調するような道徳の構え――これを掘り崩す倫理学の端緒がここにある。次に、「べし」の衝突のリアリティをみつめる倫理学の現場に立つとき、正しい行為をひとつに指定する倫理学理論が懐疑に晒される。それはむしろ、「べしはできるを含んでいる」という道徳の枠組みによって要請されるものである。正しい行為をひとつに定めることで、道徳は、ひとを安心させようとする。できることしか、すべきことにはならない。しかし、倫理のリアリティを見つめなおすとき、ひとつの正しい行為をしても決定的に後悔する可能性、あるいは、そもそも正しい行為が存在しない可能性が現れてくる。すなわち、「できなかったことだけれども、すべきだったこと」のリアリティが現れてくる。道徳がそう前提するのとは異なり、世界は必ずしも、正しい行為がひとつだけ――しかもそのひとにとって可能な行為として――現れる場所ではない。

第二章では、道徳心理学の方法を洗練させつつ、ウィリアムズが倫理学理論の批判へと向かったしだいを確認した。功利主義とカントという、ふたつの巨大な倫理学理論の検討をつうじてわかったのは、既存の倫理学理論には不偏的観点が埋め込まれているが、その観点では、行為者のプロジェクトや個人的な愛着といった、基盤的な倫理の諸相を捉えることができないということであった。倫理学理論において、道徳は、不偏的なシステムとして現れていた——道徳的であるということは、不偏的観点に立つということである。すなわち、調整者（功利主義）や立法者（カント主義）として振る舞うことこそが道徳的な振る舞いだというわけである。しかし、このような道徳の思考は、あらゆる意味で失敗する。そのような見方は、それぞれに異なる行為者が状況に対して異なる知覚・反応をするという事実、あるいは、愛するひとを当然助けるような個人的な愛着・動機の基盤性の事実をうまく理解できていないからである。このように、人びとを内側から駆動する力として倫理を捉えなおすことで、不偏的システムとしての道徳の異様さが浮き彫りにされる。倫理学は、不偏的観点から正しい行為をひとつに導出する道徳（倫理学理論）とは違ったしかたで、それぞれに異なる行為者のプロジェクト、ひととなり、動機をそれとして受け止めつつ、構築される必要がある。それは、不偏性に対して個人や私を絶対的に優先する個人主義でもなく、むしろ、倫理の現れの複雑さを個別具体的に捉えようとする規範倫理学である。

第三章では、ここまで分析された道徳の諸特徴（道徳／不道徳の強調、べしはできるを含んでいる、不偏的観点）が収斂するところの道徳の根本的本性に関するウィリアムズの批判を確認した。そこで明らかにされたのは、道徳の根本にあるのは、それに従うことで誰しもがひとしく救われるという理想だということである。事前の合理性（超時間的な合理性）や他行為可能性としての自由意志（そして「べしはできるを含んでいる」の原理）といった思考は、生から運の影響を排除して安全性を確保するための道徳の装置に過ぎないことが、暴かれたのだった。じっさい、道徳性を特別視することも、不偏的観点も、この安全で平等な救いの理想へと収斂している――不偏的観点によるものを道徳的なものとして純化することで、救いの道が練り上げられている。つまり、道徳によれば、運（環境、他人、ひととなり、動機、偶然の結果）とは関係なく、コントロールできる範囲でひたすら不偏的に正しい基準に従って生きていれば、誰にも非難を受けるいわれもなく、正当化された生を送ることができるのである。しかし、ウィリアムズが後悔、理由、非難の精緻な分析によって示したのは、この理想が現実から目を背けた祈りでしかないということである。すなわち、倫理的共存――それぞれ全く異なる動機によって行為する人びとのあいだで実現されるすり合わせと説得――のリアリティを見とおすとき、道徳の理想を確保するための諸装置は誤謬でしかないのである。われわれが生きるのは――そして生きるのがふさわしいと感じるのは――事前の合理性に従わなければどう転んでも正当化されない生だとか、厳密な他行為可能性がなければ非難してはならない社会ではなく、むしろ、人びとが異なる動機を持って生を賭けつつも、なんとかその場その場で互いを説得して共存するような世界である。ここに至って、道徳とは、共存の基盤としての倫理を見失わせる祈りでしかないとわかったのである。「道徳の哲学的誤謬といったものは、生の誤解

——いまだ強力で深く根を張った生の誤解——を最も抽象的に表現したものに過ぎない（Its philosophical errors are only the most abstract expressions of a deeply rooted and still powerful misconception of life）」（ELP 218）。

第四章では、反道徳の倫理学は歴史と政治の領域へと向かったのだった。すなわち、倫理学は、歴史性が導入されることでその役割を完遂することができ、政治の理論へと向かうことができることを確認した。そして、政治の領域に至って、道徳は、超歴史性として問題化されたのだった。リベラルたちのモラリズムに典型的なように、道徳の思考は、歴史的偶然の産物に過ぎない政治や価値を、超時代的な普遍的な真理として誤認させる。道徳においてはやはり、その価値がたまたまのものであることを認めることができないのである。しかし、歴史を重視し、政治のリアリティを見とおそうとする者は、道徳の欺瞞を退け、現在が偶然的に構成されてきたことを認める勇気とともに、政治の倫理を思考しなおそうとする——そこで定式化される倫理とは、われわれが、たまたま、それを生きているような生活に現れる価値のことである。とはいえ、この倫理は、たんなる現状肯定や相対主義ではありえない。というのも、この倫理を語る者は、それがたまたまのものであること——そのオルタナティヴがつねに存在すること——を前提しているからである。われわれの現在の生活がリベラル政治なのだとしても、われわれはそのオルタナティヴがありとあらゆるところ——他の社会、敗者の歴史、新しい実践——にあることを知っている。そうであるいじょう、政治の倫理は、現状の生活の常識的理解へと固定されることはなく、生活をめぐる諸実験の闘技場へと投げ込まれるはずである。かくして、道徳の超歴史性の欺瞞を退けるとき、政治の倫理とは、われわれの生活をただひとつの現場として、そのなかでどこまでも実験して鍛え上げられる価値としてみさだめられるのである。

まとめておこう。道徳とは、それに従えば誰しもがひとしく安全に救われる超歴史的な諸価値のことだとされている。しかし、反道徳の倫理学は、道徳がリアリティから目を背けた祈りでしかないことを明かす。われわれが向かうべきは、倫理——互いに異なるわれわれがたまたまそれを生きているような生活のなかでの共存——なのである。反道徳の倫理学は、道徳のオプティミズムも、個人主義や相対主義といったニヒリズムも、どちらも批判しつつ、そのあいだで共存の倫理を思考しようとする闘争的なペシミズムである。そして、反道徳の倫理学は、理論と実践の分離を否定して、徹底的に実践優位の理論を構築している。これらのことは、すでに明らかだろう。

ウィリアムズのその先へ

本書の冒頭で述べたように、ウィリアムズは現代倫理学において、徹底的な破壊者とみなされてきた。これは一面では真理である。彼の道徳批判は、不偏的倫理学理論や他行為可能性としての自由意志といった道徳の虚構に対して、たんなる修正ではことを済まさないような苛烈さを有している。というのも、ウィリアムズが行おうとするのはむしろ、それらが置かれていた場所にもう何も置かないことだからである。しかし、反道徳の倫理学は、たんなる破壊としてあるのではない——

それは、倫理学の創造によって道徳批判を構成するのであった。例えば、個別の行為者にとっての状況の現れに着目する規範倫理学の方法（第二章）、説得としての非難の分析（第三章）、実践優位の政治的リアリズム（第四章）。ウィリアムズの反道徳の倫理学が、こういった創造によって成り立っていることは、今までの研究においてしばらく見過ごされてきた。

反道徳の倫理学たる本書によって示唆されるのは、まず何より、ウィリアムズの創造的なプロジェクトが、継承されるべき余地を大いに残しているということである。われわれは、彼の道徳心理学的な方法をより多くの事象に適用することができるし、いまだ支配的な不偏的倫理学理論よりもリアリティのある規範倫理学の理論を構築することができるはずであるし、リアリズムにもとづく具体的な政治の分析を展開することもできるはずである。本書は、ウィリアムズの継承という目的のため、彼のきわめて創造的な方法論の数々を、さまざまな箇所に散りばめておいた。

もうひとつ、本書の反道徳の倫理学が示唆することがあるとすれば、より実践的な事柄である。すなわち、反道徳の倫理学をどう生きるのか。反道徳の倫理学をある種の理論とすれば、それをどう実践するのか。これに対する明確な答えはない。ただ、第四章の末尾で示唆したように、われわれはそこで、すでに道徳による闘争（祈り）を脱け出しており、生活の闘争へと向かわざるをえない。政治や価値といったものが、生活の実験の産物でしかないと理論的に認識している者にとって、反道徳の倫理学の実践とは、みずからの生活のスタイルを賭けた実験とそれによる闘争でしかないだろう。何を、どこまで、どれだけのひととできるだろうか。

読書案内

ウィリアムズの生涯

最も詳しいのは、ウィリアムズの遺稿管理をしていた哲学者エイドリアン・ムーアによるものだ（Moore, A. (2011). "Williams, Sir Bernard Arthur Owen (1929-2003), philosopher." *Oxford Dictionary of National Biography*.）。ウィリアムズの生涯に関心がある人はまずそちらをみてほしい。古代ギリシア哲学のバーニェットによるものは、哲学史家としてのウィリアムズの姿を抒情ゆたかに振り返っており、個人的にはおすすめである（Burnyeat, M. (2006). "Introduction." In Williams, B. (2006). *The Sense of the Past: Essays in the History of Philosophy*. Princeton U. P. xiii-xxii.）。

ウィリアムズ哲学の入門書

論文集はこのところ毎年出版されるペースで出ており、たくさん揃っているものの、入門書となると英米圏でもまだ、Jenkins, M.（2006）. *Bernard Williams.* Routledge. の一冊しか出ていない。人格論から系譜学までのウィリアムズの議論を整理するもので、同時代の論争状況への目配りも効いていて役に立つ。この記事を読んで英語で入門してみたくなった人はこちらを読んでみるとよい（ただし、政治哲学についてはほとんど記述がないので注意が必要だ）。記述は少し物足りない気もするが、とにかく簡潔で、読みやすい（英語も平易だ）。これとは別に、ウィリアムズの著作や動画、ウィリアムズへの言及や書評などの情報を網羅し、読書案内まで付しているウェブサイトが存在する。ヒューム研究者のポール・ラッセルによるもので、Bernard Williams: Philosopher と題されている。本格的にウィリアムズを読んでみようというひとには、こちらも参考になる。

日本語で読めるものとしては、古田徹也（2013）『それは私がしたことなのか――行為の哲学入門』（新曜社）の第三章・エピローグが、もっとも詳しいウィリアムズ論となっている。「行為者性」からウィリアムズにアプローチするというのは、英語圏でもありそうでなかったもので、筆者も大変多くを学んだ。

翻訳されたウィリアムズの著作

ふたつの著作が翻訳されている。第一章で扱った初期哲学につづく時期の論文を集めた『道徳的な運（*Moral Luck*）』は、2019年に勁草書房から翻訳が刊行されている（第二章・第三章で扱う重要な議論がここで現れている）。また、『生き方について哲学は何が言えるか（*Ethics and the Limits of*

Philosophy)』の翻訳も1993年に産業図書から刊行されており、これは、一部改訂されたうえで、2020年にちくま学芸文庫に収録されている。この本はウィリアムズの主著ともされるもので、彼の議論が総集編的にまとめられつつ、新たな論点も展開されている。汲み尽くしえない、倫理学の古典だと思う。ウィリアムズの英語は相当に読みにくい。まずは、日本語で追いかけてみるのもよいと思う。

なお、これらとは別に翻訳刊行予定の著作として、『功利主義論争（*Utilitarianism: For and Against*）』（原著1973年、J・J・C・スマートとの共著）、『恥と必然性（*Shame and Necessity*）』（原著1993年、2024年内に慶應義塾大学出版会より翻訳刊行予定）がある。

ウィリアムズの人格論

人格論については、先ほどのJenkinsの入門書の第一章が最も詳しい紹介となっている。日本語で読めるものだと、コニー、E＆サイダー、T（2009）『形而上学レッスン——存在・時間・自由をめぐる哲学ガイド』（小山虎訳、春秋社）の第一章が、ウィリアムズの議論を中心に人格の同一性にまつわる議論を概観している。また、鈴木生郎・秋葉剛史・谷川卓・倉田剛（2014）『ワードマップ現代形而上学——分析哲学が問う、人・因果・存在の謎』（新曜社）の第一章も詳しい。

ウィリアムズの初期倫理学

この時期の議論は、功利主義批判などとセットで論じられることが多く、独立に紹介するものはあまりない。よって、ウィリアムズ本人のものを読むしかない。本書を読んだのちは、本文中で紹介した三つの論文をぜひ読んでほしい。どれも、現代の倫理学の水準から読んでも興味深い論文なのではないかと思う。その他のものとしては、ウィリアムズによる『道徳――倫理学へのひとつの入門（*Morality: An Introduction to Ethics*）』（1972）がある。「アモラリスト問題」、「エウテュプロン問題」、「相対主義・主観主義の問題」といった伝統的な倫理学の問題を、ウィリアムズ流にさばいていく。コンパクトだが、切れ味のある本。入門書とは名ばかりで、初学者には読みにくい本だと思うが、本書を読んでから挑戦してみると読みやすくなると思う。

ウィリアムズが「倫理的な一貫性」を発表したのと奇しくも同じ年（1965年）に、アメリカでピーター・ウィンチが「道徳的判断の普遍化可能性について（The Universalizability of Moral Judgements）」という論文を発表している。メルヴィル『ビリー・バッド』を題材に、道徳的な「べし」の対立とそこでの決断の別個性（従来の普遍化可能性テーゼの批判）を論じるそれは、明らかにウィリアムズと同じ議論空間のうちにある。翻訳があるので、併せて読むとよいだろう（ウィンチ、P（2009）『倫理と行為（新装版）』奥雅博・松本洋之訳、勁草書房、第八章）。

倫理学理論批判に関するウィリアムズの著作

ウィリアムズの倫理学理論批判の基本文献は第二章で紹介した通りだが、「人格たち、ひととなり、道徳」についてのみ翻訳がある（『道徳的な運 哲学論集一九七三〜一九八〇』伊勢田哲治監訳、勁草書房、第一章、翻訳タイトルは「人物・性格・道徳性」）。同じ本には、インテグリティの議論に関連して、インテグリティは「自己耽溺（self-indulgence）」であるかという論点を検討した論文もある（第三章「功利主義と自己耽溺」）。インテグリティは、「自意識過剰・じぶんに酔いすぎ・じぶんのことを考えすぎ」（自己耽溺）なのではないかという反論を扱うもので、倫理学的にとても興味深い。また、「インテグリティによる異議」を回想して論じる文献（"Replies." In Altham, J. E. J. & Harrison, R. (Eds.), *World, Mind, and Ethics: Essays on the ethical philosophy of Bernard Williams*, (1995). Cambridge U. P.,185-224.）もあり、こちらでは、賄賂を断り殺害を断行するナチス将校のインテグリティという論争的な事例が提示されている。インテグリティを哲学的に思考したい方にはおすすめである。

第二章の最後に紹介した疎外の問題についてのウィリアムズの議論は、論文「宇宙の観点——シジウィックと倫理学のもくろみ（The Point of View of the Universe: Sidgwick and the Ambitions of Ethics）」があり（Williams, B. (1995). *Making Sense of Humanity: And Other Philosophical Papers 1982-1993*, Cambridge U. P. 所収）、そちらが最重要の文献になっている。

インテグリティによる異議に関するもの

英語圏でのインテグリティ概念についてサーヴェイするものとして、（Scherkoske, G. (2013a). "Whither Integrity I: Recent Faces of Integrity." *Philosophy Compass*, 8, 28-39.）があり、有用。また、同著者がウィリアムズの「インテグリティによる異議」について、ウィリアムズに批判的な立場からサーヴェイしており、これも基本文献である（Scherkoske, G. (2013b). "Whither Integrity II: Integrity and Impartial Morality." *Philosophy Compass*, 8, 40-52.）。また、シモーヌ・ヴェイユ読解をつうじて、ウィリアムズ的なインテグリティ概念を批判する論考（Levy, D. (2020). "Simone Weil: Against being true to yourself." In Alston, C. et al. (Eds.). *Portraits of Integrity: 26 Case Studies from History, Literature and Philosophy*, Bloomsbury USA Academic, 141-149.）も興味深い。日本語で読める論文としては、都築貴博氏によるサーヴェイ（都築貴博（2008）「ウィリアムズにおける全一性と道徳的行為者性」北海道大学哲学会編『哲学』第44号、101-108頁）があり、こちらも読みやすい。筆者じしんもインテグリティと倫理学に関するサーヴェイを書いており、こちらも参考になるかもしれない（渡辺一樹（2022/2023）「インテグリティ」（掲載サイト閉鎖に伴い、筆者の researchmap にて公開中））。

本文中では詳しく議論できなかったが、インテグリティは、自己の整合性への固執ではなく、発見的でありうる。あるとき突然、今までのじぶんのありようとは異なるが、どうしてもゆずれない確信が生じるかもしれない。そのような確信に従って行為するとき、ひとはインテグリティを示しうる。その文学的な表現は、第一章でも紹介したイプセンの『人形の家』である。

疎外の問題、反省／実践論争に関するもの

ウィリアムズと同様に疎外の問題を指摘するストッカーとウルフの論文は、どちらも勁草書房の『徳倫理学基本論文集』（加藤尚武・児玉聡編・監訳）に翻訳が収められており、現代倫理学の基本文献となっている。反省と実践の区別という問題を考えるさいに重要になるのが、本文中でも紹介したオーウェル『一九八四年』である。反省によって実践（前近代的慣習）を啓蒙しようとした近代のひとつの帰結として、全体主義がある。オーウェルは、全体主義のもたらす政治と心理を同時に描いており、ウィリアムズの問題意識と通底するものがある。

道徳的運に関するもの

ウィリアムズの論文もネーゲルの論文も、翻訳で読むことができる。古典的な道徳的運の問題（運と道徳的評価の問題）を扱ったものとしては、ファインバーグ「法と道徳における問題含みの責任」（ファインバーグ（2018）『倫理学と法学の架橋』東信堂、第16章）も日本語で読むことができ、重要である。道徳的運に関する研究論文としては、まず、澤田和範氏によるものがよいだろう（澤田和範（2023）「バーナード・ウィリアムズの「道徳的運」を取り戻す」関西学院大学文学部哲学研究室『哲学研究年報』第56輯、67－101頁）。また、運と倫理をめぐる膨大な思想史を追ったものとして、古田徹也（2019）『不道徳的倫理学講義――人生にとって運とは何か』（ちくま新書）がある。そこではネーゲルとウィリアムズだけでなく、古代ギリシアから現代に至るまでの長大な運の哲学の系譜がこまやかに

紹介されており、貴重である。

第三章でのウィリアムズ解釈（とりわけゴーギャン事例の解釈）において重要になったものとしては、田島正樹（2013）『古代ギリシアの精神』（講談社現代選書メチエ）がある。

道徳批判に関するもの

ウィリアムズの道徳批判は多岐の論点に渡り、第三章で注目した非難論はその一部に過ぎない。彼の道徳批判がコンパクトに要約されたものとしては「道徳、この特異な制度（Morality, the peculiar institution）」（『生き方について哲学は何が言えるか』ちくま学芸文庫、第10章）がある。近代道徳をアメリカの奴隷制度に喩える題名がついたこの章では、非難とみっせつに関わる道徳システムの道具立てとして「義務」が論じられる。やはりここでも、義務をどのように理解するのかという論点をめぐって、道徳システム的な理解の問題が炙り出されることになる。ウィリアムズに対する応答としては、ダーウォールによるものが有力なものとされている（Darwall, S. (1987). "Abolishing morality." *Synthese*, 72 (1), 71-89.）。同じ著者による著作（ダーウォール、S（2017）『二人称的観点の倫理学――道徳・尊敬・責任』寺田俊郎・会澤久仁子訳、法政大学出版局）はウィリアムズの非難論への言及を含んでおり、同様の問題をカント主義的な立場から扱っている。なお、筆者による、ウィリアムズの道徳批判をダーウォールらの反論から擁護する論文が近く出版予定である（Watanabe, K. (forthcoming). "Morality as Misconception of Life: A Defense of Bernard Williams' Critique of the Morality System." *Tetsugaku: International Journal of the Philosophical Association of Japan*, Vol.8、掲載予定）。

自由意志論争に関するもの

「自由意志論争に直接入り込むよりもまず非難実践そのものを見つめなおす」というウィリアムズのアプローチは、本文中でも触れたように、P・F・ストローソンの議論と方向性を同じくしている。ストローソンの古典的な論文は、門脇俊介・野矢茂樹編『自由と行為の哲学』（春秋社）において邦訳を読むことができる。ウィリアムズの議論を自由意志論争に位置づけようとする作業は、ポール・ラッセルが近年取り組んでいる（Russell, P. (2017). "Free Will Pessimism." In Shoemaker, D. (Ed.), *Oxford Studies in Agency and Responsibility Volume 4*, Oxford U. P., 93-120.）。ウィリアムズの立場は、そこで、「自由意志に関する悲観主義（free will pessimism）」と特徴づけられる。これは、懐疑主義とは異なって、自由や責任の存立を否定しないものの、自由意志論争の前提となる、責任についての道徳システムの捉え方を否定する立場であるとされる。

なお、自由意志とは異なるものとしての自由については、ウィリアムズはそれを哲学の重要な問題であると考えていた。彼によれば、自由とは「他者の権力のもとにないこと」であって、自由を論じることは権力を問題にすることである。ウィリアムズは、（道徳システム的な自由意志ではなく）政治的な意味での自由こそが、責任の営みの実質的な基礎だと考えていた。その思考の展開としては、論文「道徳的責任と政治的自由（Moral responsibility and political freedom）」（Williams, B. (2006). *Philosophy as a*

Humanistic Discipline, Princeton U. P., 119-125.）がある。責任帰属についての適切な制約は、（他行為可能性ではなくて）自由を守るように構築される必要がある。政治的自由への着目は、説得の理論と並ぶ、ウィリアムズの責任論の重要な洞察である。

理由と説得に関するもの

理由の内在主義の議論に関しては、Paakkunainen によるサーヴェイがまとまっている（Paakkunainen, H. (2018). "Internalism and externalism about reasons." In Star, D. (Ed.), *The Oxford Handbook of Reasons and Normativity*, online edition.）。また、日本語で読めるものとして鴻浩介氏による一連の論文があり、きわめて有益である（e.g. 鴻浩介（2016）「理由の内在主義と外在主義」『科学哲学』第49巻第2号、日本科学哲学会、27‐47頁）。ウィリアムズの議論に関心がある方は、邦訳がある「内的理由と外的理由」から始めて、第三章でとりあげた種々の文献を読み進めていけばよいと思う。

説得に関する哲学の古典は、まずはプラトンの『ゴルギアス』である。説得の領域に踏み入るとき、ポピュリズムやデマゴーグといった、古代から現代まで政治にまとわりついてきた問題を想起するのはたやすい。しかし、これら表面的な問題よりも深くにあるのは、権力の問題である。説得は、そのひとの自由を権力によって奪うかたちで遂行されるとき、操作や強制へと転化する。権力による強制へと転化しないために、いかなる対話と説得のプロセスが必要になるのか。われわれはいかなるプロセスのもとで共存していけばよいのか。20世紀の歴史を紐解いたことのある人間であれば、この問いに対して単純に民主主義国家の政治的決定プロセスを挙げるような楽観主義に対しては警戒するはずである。国家権力のもとでなされるプロセスに限定せず、広く人間の実践をみつめる必要がある。人類学によるその成果として、デヴィッド・グレーバー（2020）『民主主義の非西洋起源について――「あいだ」の空間の民主主義』（片岡大右訳、以文社）がある。

後期ウィリアムズの基本文献

歴史主義的転回以降の、後期ウィリアムズの思考を駆動していた哲学観については、論文「Philosophy as a Humanistic Discipline」（2000）を参照のこと（これが表題となった論文集に所収されている）。後期ウィリアムズの思考を凝縮したものとしては、遺著となった *Truth and Truthfulness: An Essay in Genealogy* が最重要である。なお、ウィリアムズが生前最後に計画していた著作は、リベラル政治の系譜学を語るものだった。そのプロジェクトの断片は、死後に編纂された *In the Beginning Was the Deed: Realism and Moralism in Political Argument* に散りばめられている。

系譜学に関するもの

ニーチェの系譜学の方法論については、そのひとの『道徳の系譜学』を読むのが早い。なお、ニーチェの系譜学を分析するブライアン・ライターの著作（ライター、B（2022）『ニーチェの道徳哲学と自然主義――『道徳の系譜学』を読み解く』大戸雄真訳、春秋社）については、賛同できない論点もありつつつも、ひじょうにクリアに整理されており、参考になる。

系譜学を考えるには、ニーチェとともに、ウィリアムズの論文（Williams, B. (2000). "Naturalism and Genealogy." In Harcourt, E. (Ed.), *Morality, Reflection, and Ideology*, Oxford U. P., 148-159.）とフーコーの「ニーチェ・系譜学・歴史」（伊藤晃訳、『ミシェル・フーコー思考集成Ⅳ』所収）を併せて対照させながら読むとよいかもしれない。フーコーの系譜学の方法論的な分析は、Koopman, C (2013). *Genealogy as Critique: Foucault and the Problems of Modernity* が参考になる（Koopman はウィリアムズについても論じている）。哲学と歴史を組み合わせるという、ウィリアムズ流の系譜学の、哲学的系譜学に着目する研究書としては、Queloz, M. (2021). *The Practical Origins of Ideas: Genealogy as Conceptual Reverse Engineering* がある。また、現代においてウィトゲンシュタイン左派的な構えから系譜学を実践するものとして、デヴィッド・グレーバー（2016）『負債論——貨幣と暴力の5000年』（酒井隆史監訳、高祖岩三郎・佐々木夏子訳、以文社）がある。

ウィトゲンシュタイン左派に関するもの

後期ウィトゲンシュタインについて、手に取りやすいのは、飯田隆（2016）『規則と意味のパラドックス』（ちくま学芸文庫）である。ウィリアムズがウィトゲンシュタイン右派の方法論として名指しするのは、ピーター・ウィンチ（1977）『社会科学の理念——ウィトゲンシュタイン哲学と社会研究』（森川規雄訳、新曜社）である。日本においてウィトゲンシュタイン左派的なモチベーションで発言しつづけた人物としては、吉本隆明が挙げられると思う（吉本隆明（1969）『吉本隆明全著作集13 政治思想評論集』勁草書房）。

また、本書では詳しく扱えなかったが、ウィリアムズと同じくウィトゲンシュタインの洞察から出発しながら、アイロニーという異なる態度へと導くものとしてリチャード・ローティ（2000）『偶然性・アイロニー・連帯――リベラル・ユートピアの可能性』（齋藤純一・山岡龍一・大川正彦訳）がある。ウィトゲンシュタイン左派は、アイロニストとは価値に対する態度が異なるように思われる。価値に対する二重意識（アイロニーを取りつつリベラルの価値を信じること）や価値に対する無差別な態度を取らないように思われるからである。ウィリアムズとローティの差異を思考したものとしては、ミランダ・フリッカーによる論考がある（Fricker, M. (2000). "Confidence and irony." In Harcourt, E. (Ed.), *Morality, Reflection, and Ideology*. Oxford U. P., 87-112.）。

本書で紹介できなかったウィリアムズの著作

本書で紹介できなかったウィリアムズの著作のうち重要なものを挙げておこう。まず、『デカルト――純粋な探究のプロジェクト』（Williams, Bernard (1978). *Descartes: The Project of Pure Enquiry*. Routledge.）が挙げられる。知識や科学の可能性を基礎づける「純粋な探究のプロジェクト」としてデカルトの『省察』を解釈するという独自の読解は、とてもスリリングだ。この本は、古典テクストからわれわれの哲学的問題を取り出すという、ウィリアムズ流「哲学史」の最良の例だろう。次に、『恥と必然性』（Williams, B. (1993). *Shame and Necessity*, University of California Press、翻訳刊行予定）である。古代ギリシア論であるこの本は、ウィリアムズによる道徳の系譜学の試みであると言える。ウィリアムズは、古代ギリシアのテクスト（ホメロスやソフォクレス）を読み解くことで、行為者性、責任、アイデンティティに関して、道徳（道徳システム）とは異なる思考（本書が倫理と呼んできた思考）を発見する。これによって、本書が批判してきたような道徳とは、近代の歴史的産物に過ぎないことが暴露される。「古代から近代への道徳的進歩」という根強い常識に対抗するこの本は、ひじょうに論争的ではあるものの、いまなお検討されるべき論点を多く含んでいる。

あとがき

バーナード・ウィリアムズの名を知ったのは、2017年、ダラム大学の「道徳理論」と題された授業においてであった。若くして名の知られた新任教授と、定年退職する老教授によってリレー方式で担当されたその授業は、ふらふらと哲学を専攻していた筆者のその後の関心を道徳哲学に集中させるにはじゅうぶんな名講義であった。とはいっても、交換留学の学部生として滞在したダラムの記憶はとても苦々しいもので、ウィリアムズの名も、筆者にとっては長いことその苦々しさと結びついて記憶されてきた。その授業の成績は他と比較してもおどろくほどに低かったし、授業内で「道徳哲学を知るための最良の古典」と紹介されていた、ウィリアムズの *Ethics and the Limits of Philosophy* は、当時は第一章すら読みとおすことができなかった。チュートリアルと呼ばれるゼミの帰り道にある古い石橋で、理由なく立ち止まりつつ眺めていた川辺の夕暮れ――そのときの悔しさは、ときおり思い返すことがある。その後、デイヴィッド・ヒュームについての卒業論文を書いた筆者がウィリアムズのテクストにあらためて取り組むようになったのは、ほとんどたまたまと言ってよい。2019年、大学院試験の面接で、今後特に研究する哲学者の名前を挙げるように言われ、（特に決めていなかったので）うろたえながら咄嗟に出てきたのが、ウィリアムズの名だった。それが挙がったのはおそらく、面接前に同級生の柳瀬大輝から、「道徳と倫理の違いについて聞かれると思うから考えておいた方がよい」という的確なアドバイスを受け、それを答えられるように調べたからだろう。今回、ウィリアムズの名とともに道徳と倫理の差異がタイトルとなった本を書くことになり、奇妙な縁を感じる。

あのときから、ウィリアムズの難解なテクストを、ひとつひとつじぶんに言い聞かせるように読んできた。その後、研究者として論文を書くようになって、先行研究での解釈や批判を把握しつつ、みずからの議論を位置づける作業にも従事してきた。今回の仕事にあたって、あらためてウィリアムズのテクストをすべて読みなおし、ひたすらそのテクストにだけ向き合って、ウィリアムズの声を拾いなおそうとしたとき、これまでで最もウィリアムズの思考に肉薄できた気がした。その成果をやっとひと繋がりのものにすることができ、今はとにかく清々しい。

本書は、『フィルカル』（ミュー）における連載「バーナード・ウィリアムズ入門」（Vol. 7 No. 2、Vol. 7 No. 3、Vol. 8. No. 1、Vol. 8 No. 3）をもとに、加筆修正したものである。連載時より、多くのひとに助けられて本書はできた。野上志学さんには、飯塚舜さんをつうじてフィルカル編集部に企画を打診していただくとともに、連載記事から本書のゲラに至るまで、拙稿に何度もコメントをいただいた。修士一年のときにマンツーマンでJ・S・ミルの *On Liberty* の読書会をしていただいていらい、野上さんにはお世話になってばかりである。この場を借りて感謝申し上げる。植村恒一郎先生、笹谷賢人さん、澤田和範さん、杉本英太さん、中西淳貴、フィルカル副編集長の長門裕介さん、古田徹也先生、松本将平さん、横田幹成さん、吉田廉さんには、連載時の原稿について、大変示唆的なコメントをいただいた。深く尊敬する皆様からコメントをいただくのは、筆者にとってすばらしい機会であった。記して感謝申し上げる。大谷弘さんには、本書の編集者である永井愛さんをご紹介いただいた。わざわざ拙稿を印刷して送ってくださった大谷さんに、心からお礼申し上げる。その後、永井さんのおかげで大変スムーズに本書の執筆を進めることができた。最後に、仲間たち、そしてパートナーのミルに感謝する。思い返せば、みんながいてくれたおかげでウィリアムズについての修士論文を書きとおすことができたのだった。また、みんなとの日々の会話で培った確信は、本書の基本的なアイディアを構成している。

二〇二四年一月

渡辺一樹

索　引

※ボールドは脚注のページ数

事項

あ行

か行

さ行

た行

な行

は行

ま行

ら行

人名

あ行

か行

さ行

た行

な行

は行

ま行

や・ら行

参考文献

Brink, D. (1986). "Utilitarian Morality and the Personal Point of View.", *The Journal of Philosophy*, 83(8), 417-438.

Burnyeat, M. (2006). "Introduction." In Williams, B. (2006). *The Sense of the Past: Essays in the History of Philosophy*. Princeton U. P. xiii-xxii.

Doney, W. (1967). *Descartes: A Collection of Critical Essays*. Macmillan.

Fischer, J. M. & Ravizza, M. (1998). *Responsibility and Control: A Theory of Moral Responsibility*. Cambridge U. P.

Gottlieb, A. (2003). "Bernard Williams, critic of moral philosophy, died on June 10th, aged 73." *The Economist*, URL= < https://www.economist.com/obituary/2003/06/26/bernard-williams > (accessed 2022-04-02).

Hobbes, T. (1996). *Hobbes: Leviathan: Revised student edition*. Tuck, R. (Ed.), Cambridge: Cambridge U. P.

Hume, D. (2011). *A Treatise of Human Nature, A Critical Edition, Volume 1: Texts.*, Norton, D. F. and Norton, M. J. (Eds.), Oxford. Oxford U. P.

Jeffries, S. (2002). "The quest for truth." *The Guardian*, URL=<https://www.theguardian.com/books/2002/nov/30/academicexperts.highereducation> (accessed 2022-09-15).

Jenkins, M. (2006). *Bernard Williams*. Routledge.

Lehmann-Haupt, C. (2003). "Sir Bernard Williams, 73, Oxford Philosopher, Dies." *The New York Times*, URL= <https://www.nytimes.com/2003/06/14/world/sir-bernard-williams-73-oxford-philosopher-dies.html> (accessed 2022-04-15).

Leiter, B. (2010). "The most significant moral philosophers of the 20th-century" *Leiter Reports: A Philosophy Blog*, URL= <https://leiterreports.typepad.com/blog/2010/10/the-most-significant-moral-philosphers-of-the-20th-century-the-results.html > (accessed 2023-11-24).

McMahan, J. (2013). "Bernard Williams: A Reminiscence." In Herrera, A. & Perry, C. (Eds.). (2013). *The Moral Philosophy of Bernard Williams*. Cambridge Scholars Publishing, 18-25.

Moore, A. (2011). "Williams, Sir Bernard Arthur Owen (1929-2003), philosopher." *Oxford Dictionary of National Biography*.

Nelkin, D. K. (2021). "Moral Luck." *The Stanford Encyclopedia of Philosophy (Summer 2021*

Edition), Zalta, E. N. (Ed.), URL =<https://plato.stanford.edu/archives/sum2021/entries/moral-luck/> (accessed 2023-2-28).

Noonan, H. (2003). *Personal Identity* (2nd Edition), Routledge.

Nussbaum, M. (2000). "Why Practice Needs Ethical Theory: Particularism, Principle and Bad Behavior." In Hooker, B. & Little, M. O. (Eds.), *Moral Particularism*, Oxford U. P., 227-255.

Nussbaum, M. (2003). "Tragedy and Justice: Bernard Williams remembered." *Boston Review*, URL= < https://bostonreview.net/articles/martha-c-nussbaum-tragedy-and-justice/ > (accessed 2022-04-15).

O'Grady, J. (2003). "Professor Sir Bernard Williams." *The Guardian*, URL= < https://www.theguardian.com/news/2003/jun/13/guardianobituaries.obituaries > (accessed 2022-04-18).

Paakkunainen, H. (2018). "Internalism and externalism about reasons." In Star, D. (Ed.), *The Oxford Handbook of Reasons and Normativity*, online edition, URL= <https://doi.org/10.1093/oxfordhb/9780199657889.013.0007> (accessed 2023-2-28).

Queloz, M. (2021). *The Practical Origins of Ideas: Genealogy as Conceptual Reverse-Engineering*. Oxford U. P.

Queloz, M. & Cueni, D. (2021). "Left Wittgensteinianism." *European Journal of Philosophy* 29 (4):758-777.

Railton, P. (1984). "Alienation, Consequentialism, and the Demands of Morality." *Philosophy & Public Affairs*, 13 (2), 134-171.

Robertson, S. and Owen, D. (2013). 'Influence on analytic philosophy.' In Gemes, K. & Richardson, J. (Eds.), *The Oxford Handbook of Nietzsche*, Oxford, Oxford U. P., 185-206.

Rorty, R. (1995). "Is Truth A Goal of Enquiry? Davidson Vs. Wright." *The Philosophical Quarterly* (1950-), 45(180), 281-300.

Ross, W. D. (1930). *The Right and the Good: Some Problems in Ethics*. Clarendon Press.

Russell, P. (2017). "Free Will Pessimism." In Shoemaker, D. (Ed.), *Oxford Studies in Agency and Responsibility Volume 4*, Oxford U. P., 93-120.

Russell, P. (2019). "Bernard Williams: Philosopher." URL= < https://sites.google.com/site/bernardwilliamsphilosopher/home > (accessed 2022-05-03).

Sandel, M. J. (1984). "The Procedural Republic and the Unencumbered Self." *Political Theory*, 12(1), 81-96.

Scherkoske, G. (2013a). "Whither Integrity I: Recent Faces of Integrity." *Philosophy*

Compass, 8, 28-39.

Scherkoske, G. (2013b). “Whither Integrity II: Integrity and Impartial Morality.” *Philosophy Compass*, 8, 40-52.

Schrader, P. (1976). *Taxi Driver*, URL= <https://www.public.asu.edu/~srbeatty/394/Taxi%20Driver.pdf> (accessed 2023-2-28).

Stocker, M. (1976). “The Schizophrenia of Modern Ethical Theories.” *The Journal of Philosophy*, 73(14), 453-466.〔ストッカー, M.（2015）「現代倫理学理論の統合失調症」（安井絢子訳）『徳倫理学基本論文集』（加藤尚武・児玉聡編・監訳）勁草書房, 第二章.〕

Strawson, G. (1994). “The impossibility of moral responsibility.” *Philosophical Studies* 75 (1-2), 5-24.

Swinburne, R. (1984). “Personal Identity: The Dualist Theory.” In Shoemaker, S. & Swinburne, R. (1984). *Personal Identity*. Basil Blackwell, 1-66.

The Telegraph (2003). “Professor Sir Bernard Williams.” *The Telegraph*, URL= <https://www.telegraph.co.uk/news/obituaries/1432917/Professor-Sir-Bernard-Williams.html> (accessed 2022-03-18).

van Inwagen, P. (1975). “The Incompatibility of Free Will and Determinism.” *Philosophical Studies* 27 (3), 185-199.〔ヴァン・インワーゲン, P.（2010）「自由意志と決定論の両立不可能性」（小池翔一訳）『自由と行為の哲学』（門脇俊介・野矢茂樹編）春秋社, 第四論文.〕

Voorhoeve, A. (2009). *Conversations on Ethics*. Oxford U. P.

Williams, B. (2001). “Postscript.” In Millgram, E. (Ed.), *Varieties of Practical Reasoning*, MIT Press, 91-7.

Wolf, S. (1982). “Moral Saints.”, The Journal of Philosophy, 79(8), 419-439.〔ウルフ, S.（2015）「道徳的聖者」（佐々木拓訳）『徳倫理学基本論文集』第四章.〕

アガンベン, G.（2005）『バートルビー』（高桑和巳訳）月曜社.

アーレント, H.（2017）『エルサレムのアイヒマン――悪の陳腐さについての報告（新版）』（大久保和郎訳）みすず書房.

アンスコム, G. E. M.（2021）「現代道徳哲学」（生野剛志訳）『現代倫理学基本論文集Ⅲ』所収, 勁草書房, 141-181 頁.

安藤馨（2007）『統治と功利――功利主義リベラリズムの擁護』勁草書房.

イプセン, H.（1996）『人形の家』（原千代海訳）岩波文庫.

伊勢田哲治（2019）「解説・各章解題」『道徳的な運――哲学論集一九七三～一九八

○』所収, 勁草書房, 319-350 頁.
ウィトゲンシュタイン, L.（2020）『哲学探究』（鬼界彰夫訳）講談社.
江川隆男（2013）『超人の倫理――〈哲学すること〉入門』河出書房新社.
オーウェル, G.（2009）『一九八四年』（高橋和久訳）ハヤカワ epi 文庫.
乙部延剛（2017）「政治哲学の地平――分析的政治哲学と大陸的政治哲学の交錯」『現代思想』2017 年 12 月臨時増刊号, 青土社, 283-293 頁.
神崎繁（2008）『魂（アニマ）への態度――古代から現代まで』岩波書店.
カント, I.（2022）『道徳形而上学の基礎づけ』（御子柴善之訳）人文書院.
児玉聡（2022）『オックスフォード哲学者奇行』明石書店.
コンスタン, B.（2014）『アドルフ』（中村佳子訳）光文社古典新訳文庫.
コンスタン, B.（2020）『近代人の自由と古代人の自由――征服の精神と簒奪 他一篇』（堤林剣・堤林恵訳）岩波文庫.
小林多喜二（1953）『蟹工船・党生活者』新潮文庫.
佐藤岳詩（2017）『メタ倫理学入門――道徳のそもそもを考える』勁草書房.
佐藤岳詩（2021）『「倫理の問題」とは何か――メタ倫理学から考える』光文社新書.
澤田和範（2023）「バーナード・ウィリアムズの「道徳的運」を取り戻す」関西学院大学文学部哲学研究室『哲学研究年報』第 56 輯, 67-101 頁.
シェイクスピア, W.（1996）『シェイクスピア全集（1）ハムレット』（松岡和子訳）ちくま文庫.
島泰三（2005）『安田講堂 1968-1969』中公新書.
シンガー, P.（1999）『実践の倫理（新版）』（山内友三郎・塚崎智監訳）昭和堂.
杉本俊介（2021）『なぜ道徳的であるべきか――Why be moral? 問題の再検討』勁草書房.
ストローソン, P. F.（2010）「自由と怒り」（法野谷俊哉訳）門脇俊介・野矢茂樹編『自由と行為の哲学』所収, 春秋社, 第一論文.
高崎将平（2022）『そうしないことはありえたか？――自由論入門』青土社.
ドゥルーズ, G.（2002）『スピノザ――実践の哲学』（鈴木雅大訳）平凡社ライブラリー.
田島正樹（2013）『古代ギリシアの精神』講談社選書メチエ.
デカルト研究会編（1996）『現代デカルト論集〈2〉英米篇』勁草書房.
納富信留（2015）『ソフィストとは誰か』ちくま学芸文庫.
パーフィット, D.（1998）『理由と人格――非人格性の倫理へ』（森村進訳）勁草書房.

鴻浩介（2015）「理由の内在主義のモチベーション」『論集』第 34 号, 東京大学大学院人文社会系研究科哲学研究室, 164-177 頁.
鴻浩介（2016）「理由の内在主義と外在主義」『科学哲学』第 49 巻第 2 号, 日本科学哲学会, 27-47 頁.
鴻浩介（2022）「道徳の批判者アンスコム」『思想』2022 年 9 月号, 岩波書店, 54-74 頁.
ファラダ, H.（2014）『ベルリンに一人死す』（赤根洋子訳）みすず書房.
ファインバーグ, J.（2018）「不条理な自己充足」『倫理学と法学の架橋――ファインバーグ論文選』（嶋津・飯田編・監訳）所収, 東信堂, 393-441 頁.
フーコー, M.（2020）『監獄の誕生（新装版）』（田村俶訳）新潮社.
ベンヤミン, W.（2011）『ベンヤミン・アンソロジー』（山口裕之訳）河出文庫.
ニーチェ, F.（1993）『善悪の彼岸・道徳の系譜』（信太正三訳）ちくま学芸文庫.
ニーチェ, F.（1994）『偶像の黄昏・反キリスト者』（原佑訳）ちくま学芸文庫.
ニーチェ, F.（2017）『愉しい学問』（森一郎訳）講談社学術文庫.
ニーチェ, F.（2023）『ツァラトゥストラはこう言った』（森一郎訳）講談社学術文庫.
ネーゲル, T.（1989）『コウモリであるとはどのようなことか』（永井均訳）勁草書房.
古田徹也（2013）『それは私がしたことなのか――行為の哲学入門』新曜社.
古田徹也（2019）『不道徳的倫理学講義――人生にとって運とは何か』ちくま新書.
ブレイディみかこ（2019）『女たちのテロル』岩波書店.
マルクス & エンゲルス（1960）『聖家族』『マルクス＝エンゲルス全集 第 2 巻』（大内兵衛・細川嘉六監訳）所収, 大月書店, 3-222 頁.
吉本隆明（1990）『マチウ書試論・転向論』講談社文芸文庫.
渡辺一樹（2021）「バーナード・ウィリアムズの功利主義批判再考」日本科学哲学会『新進研究者 Research Notes』第四号, 17-25 頁.
渡辺一樹（forthcoming a）「自然主義と系譜学――ヒューム、ニーチェ、バーナード・ウィリアムズ」日本イギリス哲学会『イギリス哲学研究』第 47 号、近刊.
渡辺一樹（forthcoming b）「系譜学、人類学、オルタナティブ――デヴィッド・グレーバーの方法について」森元斎編『思想としてのアナキズム（仮）』所収、以文社、近刊.
渡辺一樹＆渡辺ミルバ（2022）「ムーミン――ただ生きることのアナキズム」『アナキズム』第 30 号, 5 頁.

渡辺一樹（わたなべ・かずき）

1995年生まれ。エディンバラ大学大学院修士課程（哲学）、東京大学大学院人文社会系研究科修士課程（哲学）修了。現在、同大学院博士課程在籍。日本学術振興会特別研究員（DC1）。専攻は、道徳哲学・政治哲学。論文に「自然主義と系譜学――ヒューム、ニーチェ、バーナード・ウィリアムズ」（『イギリス哲学研究』第47号、近刊）、「ムーミン――ただ生きることのアナキズム」（『アナキズム』共著、第33号、2022）など。

バーナード・ウィリアムズの哲学
——反道徳の倫理学

2024年2月20日　第1刷印刷
2024年2月29日　第1刷発行

著　者　　渡辺一樹
発行者　　清水一人
発行所　　青土社
101-0051　東京都千代田区神田神保町1-29　市瀬ビル
電話　03-3291-9831（編集部）　03-3294-7829（営業部）
振替　00190-7-192955

装　幀　　水戸部 功
印刷・製本　シナノ印刷
組　版　　フレックスアート

ISBN978-4-7917-7631-3　Printed in Japan